ÉTUDE

SUR LA

FORTIFICATION DES CAPITALES

ET

L'INVESTISSEMENT

DES

CAMPS RETRANCHÉS.

ERRATUM.

Page 117, lignes 6 et 8, au lieu de : DU SUD, lisez : DE L'OUEST.

Impr. de E. GUYOT, rue de Pachéco, 12, à Bruxelles.

ÉTUDE

SUR LA

FORTIFICATION DES CAPITALES

ET

L'INVESTISSEMENT

DES

CAMPS RETRANCHÉS

PAR

A. BRIALMONT,

Colonel d'État-major.

BRUXELLES,
C. MUQUARDT, ÉDITEUR,
(HENRY MERZBACH, SUCCESSEUR),
Place Royale, 2.

1874

CHAPITRE PREMIER

QUELLES SONT LES CAPITALES QUI DOIVENT ÊTRE FORTIFIÉES.

Une question agitée depuis longtemps, et sur laquelle les stratégistes et les hommes d'État ne sont pas encore parvenus à se mettre d'accord, est celle de la fortification des capitales.

Les uns prétendent que toutes les capitales doivent être fortifiées, à cause de leur grande importance politique. « Étant, disent-ils, les foyers de la puissance nationale » et le but des attaques, elles doivent être aussi les foyers » de la défense générale, c'est-à-dire les grandes positions » retranchées où se trouvent concentrées les principales » ressources de l'État (1). »

(1) *La tactique appliquée au terrain*, par le lieutenant-colonel Vandevelde. Bruxelles, 1873.

Les autres font une distinction entre les États homogènes ou fortement centralisés (comme l'Angleterre, la Prusse et la France) et les États fédératifs, composés de provinces mal soudées les unes aux autres (comme l'Autriche, l'Espagne, l'Italie et la Russie). Ils justifient cette opinion de la manière suivante :

« Les capitales des États homogènes ou fortement centralisés sont *la tête et le cœur de la nation*. Lorsqu'elles succombent, la vie cesse de circuler et la mort survient.

» Trois fois la chute de Paris marqua la fin de la résistance de la France. La prise de Londres produirait vraisemblablement le même effet, et la perte de Berlin serait sans nul doute plus sensible aujourd'hui à la Prusse qu'elle ne le fut pendant la guerre de Sept ans.

» Les capitales des États fédératifs et de ceux où domine l'esprit provincial n'ont pas la même influence. Ainsi, la prise de Vienne n'a jamais produit et ne produirait pas encore aujourd'hui un grand effet, parce que les Hongrois, les Croates, les Bohémiens, les Dalmates et les autres peuples soumis à la couronne des Habsbourg ne reconnaissent à la capitale de l'empire aucune supériorité sur les capitales des royaumes dont cet empire se compose.

» Saint-Pétersbourg, capitale officielle depuis 1753, a bien moins d'importance et de prestige que l'antique ville de Moscou, à laquelle se rattachent les souvenirs les plus glorieux. La guerre de 1812 a prouvé que ce foyer de la puissance politique et militaire de la Russie peut tomber au pouvoir de l'ennemi sans que la défense nationale en reçoive une mortelle atteinte.

» Il en est de même de Rome, dont la perte, malgré le rôle immense qu'elle a joué autrefois, causerait moins de préjudice à l'Italie que celle de Turin, de Verone ou de Plaisance.

» Quant à Madrid, elle exerce si peu d'influence sur l'Espagne (où l'esprit provincial est encore très-vivace) qu'elle fut occupée par les Français de 1808 à 1814 et que nonobstant la lutte continua sur tous les points de la Péninsule. »

Ainsi raisonnent les stratégistes qui proposent de fortifier Paris, Londres et Berlin, à cause de leur grande importance politique, et de choisir parmi les autres capitales celles qui occupent des points stratégiques décisifs, telle, par exemple, que Vienne, nœud des communications de la vallée du Danube avec la Moravie, la Bohême, la Hongrie et la Styrie.

Madrid, Saint-Pétersbourg et Rome n'appartiennent pas à cette catégorie, puisqu'elles se trouvent en dehors des principales zones d'opérations.

L'opinion de ceux qui veulent fortifier seulement les capitales ayant une grande importance politique et celles occupant des points stratégiques décisifs est sans doute plus rationnelle que l'opinion de ceux qui proposent de fortifier toutes les capitales. Cependant, nous ne croyons pas qu'on puisse l'admettre sans d'importantes restrictions.

Ces restrictions sont les suivantes :

A. Ne fortifier que les capitales situées, comme Paris, Londres, Vienne et Berlin, sur des points stratégiques décisifs;

B. Organiser la défense de ces capitales de manière qu'elles ne puissent pas être bloquées et que leur population ne soit jamais un embarras ou un danger pour la garnison.

Nous n'admettons pas, en conséquence, que Paris, Vienne et Londres devraient être fortifiés alors même que ces villes n'occuperaient pas des points stratégiques importants. Cette opinion repose, en effet, sur une interprétation erronée de l'histoire contemporaine. De ce que la chute de Berlin, en 1806, a marqué la fin de la résistance de la Prusse et de ce que la France a signé la paix après la reddition de Paris en 1814, 1815 et 1871, on se croit autorisé à conclure que la capitale est le but objectif de toute invasion et que sa prise doit marquer la fin de toute résistance.

Rien de plus faux que cette conclusion !

Si l'armée prussienne n'avait pas été écrasée à Iéna et dispersée ensuite dans toutes les directions, l'entrée de Napoléon à Berlin eut été sans influence sur les destinées de la Prusse.

En 1813, l'empereur, après la bataille de Dresde, pensa frapper un coup décisif et peut-être dissoudre la coalition en portant une de ses armées sur Berlin. S'il s'était emparé de cette capitale, il n'est pas douteux que la guerre n'eût continué d'après les plans arrêtés à Trachenberg. Aucun Prussien, heureusement pour la Prusse, ne croit le sort de sa patrie lié à celui de Berlin.

Quoique les partisans absolus de la fortification des capitales affirment qu'un tout autre sentiment règne en

France, il est certain que si, en 1814, après les combats de Craonne, de Laon, d'Arcis-sur-Aube et de la Fère-Champenoise, Napoléon avait eu encore une armée en état de tenir la campagne et surtout si ses maréchaux avaient consenti à le suivre, il aurait continué la guerre, malgré la proclamation de sa déchéance par le Sénat et malgré l'entrée des alliés à Paris. Sa ferme résolution était de le faire, quoi qu'il eût à peine sous la main 60,000 hommes épuisés et rebutés.

M. Thiers ne blâme pas cette résolution, il croit même qu'elle aurait produit de grands résultats; mais il doute que l'empire eût été sauvé par là. « Prince légitime, dit-il,
» c'est-à-dire issu d'une ancienne dynastie, ou prince sage
» ayant conservé la confiance du pays, Napoléon aurait pu
» avoir l'ennemi dans Paris, comme Frédéric le Grand
» l'avait eu dans Berlin, et *n'en éprouver qu'un échec*
» *réparable;* » mais le trône de « l'homme de la Victoire » n'était pas assez ferme pour résister à un pareil désastre.

En 1815, après Waterloo, l'empereur voulait continuer la lutte avec les 68,000 hommes qu'il avait réunis à Laon et à Paris; mais son sceptre avait été brisé avec son épée et la France ne voulait plus de lui; dès le 21 juin, lorsque l'ennemi était encore à dix marches de la capitale, la Chambre et le Sénat exigèrent qu'il abdiquât.

Un exemple plus frappant et qui s'applique à Paris fortifié, nous a été fourni par la dernière guerre: il est prouvé, en effet, par des documents officiels, qu'en 1871 la France eût repoussé les dures conditions du vainqueur si les armées de Chanzy, de Faidherbe et de Bourbaki — tout imparfaites qu'elles fussent — avaient été intactes au moment de la capitulation de Paris et si ces armées avaient eu un pivot d'opérations central à Orléans, à Bourges ou à Tours.

L'aphorisme de Vauban : *La capitale est au pays ce que la tête est au corps humain*, est donc inadmissible, même pour la France. (*Voir* l'annexe I.)

L'opinion que la résistance doit cesser quand l'ennemi s'est emparé du siége du gouvernement ne repose, somme toute, que sur un préjugé qu'il importe de détruire dans l'intérêt même des peuples.

Les Prussiens n'ont pas cédé à ce préjugé lorsque Berlin tomba au pouvoir des Russes, en 1760 (1), ni les Autrichiens, quand Napoléon fit son entrée à Vienne, en 1805 et 1809 (2), ni les Espagnols, quand Joseph fut proclamé roi d'Espagne dans Madrid, en 1808 (3), ni les Russes, quand Napoléon, en 1812, s'empara de Moscou, la ville sainte et l'ancienne capitale de l'empire.

(1) Le 30 octobre 1760, l'armée russe, commandée par Soltikof, entra dans Berlin sans résistance ; ce fait n'exerça aucune influence sur les opérations militaires. Quelques jours après, Soltikof, dans la crainte d'être tourné par Frédéric, qui s'approchait, jugea nécessaire d'évacuer la capitale.

(2) Napoléon fit son entrée à Vienne en novembre 1805, et c'est seulement en décembre que se décidèrent les destinées de l'Autriche à Austerlitz.

Il entra de nouveau à Vienne le 13 mai 1809. Après cette date, furent livrées la sanglante bataille d'Essling (22 mai) et la bataille décisive de Wagram (6 juillet).

(3) Joseph fit son entrée à Madrid en juillet 1808.

L'histoire prouve même que la chute de ces villes n'exerça aucune influence sur les opérations militaires.

Loin de considérer l'importance politique des capitales ou, ce qui revient au même, le chiffre de leur population comme un argument en faveur de la nécessité de les fortifier, nous croyons que cette circonstance est défavorable à la défense et qu'il y a lieu, par suite, de renoncer à fortifier les capitales qui n'occupent pas des points stratégiques décisifs. Paris, situé à la rencontre des importantes vallées de la Seine, de la Marne et de l'Oise, est incontestablement une de ces villes. Il faut donc la fortifier, non à cause des 2 millions d'habitants qu'elle renferme (1) et de son rang de capitale, mais à cause de son importance stratégique et nonobstant les inconvénients que présente sa nombreuse population, au point de vue d'une défense énergique.

On ne peut contester qu'il ne soit très-désavantageux d'avoir pour pivot de manœuvres une capitale dont les habitants, composé d'éléments hétérogènes (2), subissent

(1) Dans le chiffre de la population des capitales, on doit comprendre les habitants de la banlieue, que l'ennemi refoule sur la place au moment de l'investissement; on doit en retrancher, par contre, ceux qui émigrent et ceux que l'on fait déguerpir au moment où le danger devient éminent. A Paris, ce dernier chiffre fut inférieur au premier.

(2) Bien que Vienne fût, sous ce rapport, dans de meilleures conditions en 1809, cependant l'influence de la classe inférieure s'y fit sentir d'une manière fâcheuse. Le 11 mai, après que Napoléon eut fait lancer sur la ville 1,800 obus, qui mirent le feu à quelques endroits, la populace se souleva et intimida les bons citoyens, disposés à se défendre. « Le bas peuple, dit » M. Thiers, vociférait dans les rues ; la classe aisée et paisible, partagée

avec une extrême facilité l'influence des chefs de parti, voire même des sectaires les plus dangereux. Sur ce point, nous sommes d'accord avec le marquis de Chambray, Rogniat, Bernadotte (1), Gassendi, Sainte-Suzanne et un grand nombre de militaires distingués.

On nous opposera sans doute l'exemple du blocus de Paris, qui a duré 4 mois et pendant lequel la population a montré une grande résignation; mais cet exemple nous fournira, au contraire, des arguments concluants en faveur de la thèse que nous soutenons.

Il suffira, pour en être convaincu, de consulter le volumineux rapport publié par la commission chargée de faire une enquête parlementaire sur les actes du gouvernement du 4 septembre.

Le général Trochu avoue, dans sa déposition :

1° Que la garde nationale de Paris renfermait 25,000 repris de justice, « bien qu'on eût tout fait pour les envoyer » au dehors avant l'investissement » (t. Ier, p. 288);

2° Qu'il était impuissant à l'intérieur, qu'il n'avait pas de police, que les scélérats traduits devant les conseils de guerre étaient acquittés et que les cinq cours martiales chargées de juger les gardes nationaux et les irréguliers, « qui pillaient incessamment la banlieue de Paris », n'ont

» entre deux terreurs, celle de l'étranger et celle de la multitude, ne savai » que désirer. » Le lendemain, la ville capitula.

(1) « Je craindrais plus, disait-il, le million d'hommes que j'aurais derrière « moi, dans Paris fortifié, que les 200,000 ennemis que j'aurais devant moi. »

condamné qu'un soldat de l'infanterie de la marine pour le fait de désertion (p. 290).

Tous les éléments anarchiques que renferme Paris se trouvaient dans la garde nationale, dont l'effectif général dépassa 270,000 hommes (1). On a reproché au général Trochu de ne l'avoir pas désarmée, mais il dit avec raison qu'il n'eût pu le faire qu'en mettant à feu et à sang l'intérieur de Paris. « Or, c'est ce que désirait et attendait Bismark, » qui espérait que la révolution lui livrerait la capitale. »

L'entreprise, du reste, eut offert de très-grandes difficultés, « et la preuve, c'est que, le 18 mars, l'armée de » Versailles n'a pas su reprendre les canons ni désarmer » une partie de la garde nationale ». Ces difficultés tenaient moins à la force réelle de la milice citoyenne qu'à l'influence pernicieuse qu'elle avait exercée sur la troupe de ligne. Le général Trochu se rendait bien compte des effets de cette influence lorsqu'il disait à M. Thiers, pendant l'armistice, que la garde nationale ne rendrait pas les canons, qu'elle s'insurgerait et « que les troupes n'agiraient pas » contre les insurgés dans Paris même; mais que, hors des » murs, dans un autre milieu, elles agiraient énergique- » ment contre ces mêmes insurgés » (p. 312), prédictions qui se sont accomplies de point en point.

La conviction bien arrêtée du gouverneur, que la guerre

(1) Au début du siége, il y avait 80,000 hommes de garde nationale, appartenant à 120 bataillons; on créa plus tard 146 bataillons de garde nationale sédentaire, qui portèrent l'effectif total à 277,000 hommes.

civile dans Paris « eût été la ruine morale de la défense de » la place et de la défense nationale » (1) explique et justifie peut-être la résolution, qu'il prit, de ne faire intervenir la troupe de ligne dans aucune des émeutes qui éclatèrent pendant le blocus. Pour réprimer la plus redoutable, celle du 31 octobre, il n'employa que la garde nationale, parce qu'il savait, disait-il, « qu'elle n'irait pas aux moyens extrêmes et qu'elle apaiserait au lieu de réprimer » (p. 313).

Mais la garde nationale n'entendait pas se borner à ce rôle ; elle se croyait appelée à prendre une part active à la défense extérieure.

« Les journaux, dit le général Trochu (p. 294), la » pénétrèrent de l'idée qu'elle était la première troupe du » monde, qu'elle était en état de forcer les lignes prus- » siennes, mais que la trahison ou l'incapacité du comman- » dant ne voulait pas utiliser ces incomparables légions. »

Or, sachant, d'une part, que le désir de combattre, si bruyamment exprimé par les gardes nationaux, était plutôt l'effet d'une fanfaronnade que d'une détermination sérieuse (2)

(1) On lit dans le rapport sur les procès-verbaux du gouvernement de la défense nationale :

« Le 27 novembre, on annonça que la *Ligue républicaine* avait déclaré que » Paris serait brûlé ou appartiendrait aux prolétaires. On signala en même » temps le dépôt de 8,000 bombes à pétrole. »

Ceci prouve qu'une partie de la population songeait bien plus à s'emparer du pouvoir qu'à mener à bonne fin l'œuvre de la défense.

(2) Le général Clément Thomas, commandant supérieur de la garde

et sachant, d'autre part, que ces soldats, mis en présence de l'ennemi, donneraient un mauvais exemple aux troupes de ligne ou se feraient tuer sans profit pour la défense, le gouverneur évita de les employer, ce qui le rendit suspect et affaiblit son autorité.

Le même fait se reproduira dans toutes les grandes capitales dont la population voudra prendre part à la défense ; or, tel est l'esprit de ces capitales, que jamais elles ne consentiront à rester inactives. L'amour-propre et l'honneur pousseront toujours leurs habitants à demander qu'on les arme et qu'on les emploie à de grandes sorties (1). Ce sera pour la défense une importante cause de faiblesse et une source de continuels embarras; M. Jules Favre l'a confirmé en disant dans le conseil de guerre tenu le 31 décembre : « Paris n'est pas seulement une forteresse, mais une

nationale, exprima cette opinion dans un conseil tenu le 8 janvier. On lit, en effet, dans le rapport de M. Chaper sur les procès-verbaux du gouvernement de la défense nationale (p. 120) : « Le général Clément Tho-
» mas déclara qu'il y a beaucoup de charlatanisme dans cet étalage de
» courage de la garde nationale. Déjà, depuis qu'elle sait qu'on va l'employer,
» son enthousiasme a beaucoup baissé ; il ne faut donc pas se faire illusion
» de ce côté. »

(1) A Paris, il y eut un autre mobile qui porta la classe ouvrière à faire partie de la garde nationale. Le gouvernement paya largement le service dans cette garde et pourvut même au sort des familles; or, comme ce service se bornait à quelques exercices et promenades militaires et que les expéditions périlleuses étaient réservées exclusivement aux troupes de ligne, les ouvriers-gardes nationaux finirent par trouver leur existence préférable à celle qu'ils menaient avant le siége. De là cette ardeur à vouloir continuer une lutte à laquelle elle ne prenait, pour ainsi dire, aucune part.

» grande cité renfermant une population considérable *dont* » *les passions s'imposent et exigent qu'on leur cède* (1) ».

Une autre cause de faiblesse est l'impossibilité de combiner en secret des opérations dont les préparatifs ne peuvent être soustraits à la connaissance de la population : « Dans une ville comme Paris, dit le général Trochu, on » n'opère pas comme en rase campagne ; on est toujours vu, » épié, deviné. Toutes les opérations en préparation étaient » connues de l'ennemi (p. 315). »

Enfin, une troisième cause de faiblesse, qui s'est manifestée d'une manière fâcheuse à Paris et qui se manifestera de même dans toutes les capitales dont le gouverneur ne sera pas le chef de l'État et dans toutes celles où le souverain se croira obligé de suivre l'impulsion du parti ou de la faction qui l'a porté au pouvoir, c'est *la présence du gouvernement dans la ville assiégée.*

Issu d'une révolution et composé de démocrates avides de popularité, le gouvernement de la défense nationale avait, avant l'investissement et malgré l'opposition du général

(1) Rapport sur les procès-verbaux du gouvernement de la défense nationale, fait par M. Chaper, d'après les notes de M. Dréo, secrétaire de ce gouvernement.

Le général Tripier, dans ses *Notes sur le système défensif de Paris*, émet une opinion analogue :

« Paris, dit il, n'est pas une place ordinaire, où l'on puisse négliger » l'influence de la population. C'est une ville très-impressionnable, nerveuse, » à laquelle il faut garantir une sécurité absolue, sous peine d'être obligé » de partager ses préoccupations et ses forces entre les dangers du dehors et » ceux de l'intérieur. »

Trochu, conféré aux gardes mobiles le droit de nommer leurs officiers, mesure absurde au point de vue militaire et qui produisit de si mauvais résultats que, le 4 décembre, immédiatement après le combat de Champigny, il fallut la rapporter.

Le 25, voyant que le général Trochu ne voulait pas lancer inutilement des masses indisciplinées et sans instruction militaire sur les lignes prussiennes, dans le seul but de faire taire les journaux et les clubs, Jules Favre disait : « Le » gouvernement doit conduire lui-même les opérations » militaires ; » et il avouait que cette motion avait pour but de déterminer le général Trochu à donner sa démission.

Le lendemain, son collègue Arago alla plus loin en demandant au gouverneur « de ne plus commander en » général prudent, mais de tenter des coups *en dehors de* » *toutes les règles militaires* » (1).

Le gouverneur répondit que lancer toutes ses forces contre les lignes prussiennes « ce serait donner une repré- » sentation sanglante dans un but politique, et que l'armée » n'en voudrait pas ».

Mais, dans un conseil tenu le 31, il fut obligé de consentir à faire ce qu'il avait appelé le 17 *un coup de désespoir.* Ses collègues du gouvernement voulurent une grande sortie et la plupart des généraux appelés au conseil étaient d'avis que l'honneur exigeait un dernier sacrifice : « On se battra,

(1) P. 104 du rapport du colonel Chaper. Le général Trochu a dit à l'Assemblée nationale qu'on voulait l'obliger à faire des « *sorties torrentielles.* »

» disaient-ils, par devoir, mais sans aucun espoir de » succès. »

En conséquence, le 19 janvier 100,000 hommes furent lancés contre les lignes occupées par le Ve corps prussien ; bien que cinq fois plus nombreuses, ces troupes ne purent s'emparer que des points d'appui extérieurs de la première ligne, à savoir : le parc de Buzenval, la redoute de Montretout et les hauteurs de Garches. Après une lutte de 10 heures, ces positions furent reprises et les troupes de sortie refoulées dans la place.

Ce résultat était prévu : « La grande sortie du 19 janvier, dit un historien militaire allemand (1), *fut organisée à la » demande générale*. Ses promoteurs ne devaient assuré- » ment se promettre aucun succès, pour peu qu'ils possé- » dassent quelques connaissances militaires. »

Malgré cette sévère leçon, les membres civils du gouvernement, et particulièrement MM. Jules Simon, Ferry, Arago et Garnier-Pagès, demandèrent une nouvelle sortie le 21 (2). Le général Le Flô, Ministre de la guerre, leur répondit : « Je suis prêt à commander aux hommes de se faire tuer, » mais je n'entrevois d'autre résultat possible. »

Dans ces conditions, faire une nouvelle attaque eut été plus qu'une folie, c'eut été un crime ! « Si les Français, dit » le major prussien Blume, avaient repris le combat le

(1) *Opérations des armées allemandes*, par le major Blume, p. 168 de la traduction française.

(2) Rapport du lieutenant-colonel Chaper, p. 114.

» lendemain de Buzenval, ils auraient perdu 20,000 à » 30,000 hommes. Jamais ils n'eussent pu traverser nos » lignes de défense, qui se succédaient de plus en plus » fortes et derrière lesquelles les attendaient de nom- » breuses troupes toutes fraîches (1). »

Mais les clubs et les maires de Paris ne voulaient pas admettre cette impossibilité. Ils invectivaient les généraux et demandaient hautement la destitution du gouverneur. Celui-ci, voyant l'orage grossir autour de lui et désespérant de faire prévaloir ses idées, fit, le 21, la déclaration suivante : « Discuté par les maires, discuté par le gouverne- » ment, il m'est impossible de rester. »

Le lendemain, il était remplacé par le général Vinoy, et peu de jours après l'armistice fut signé.

Nous avons rapporté ces faits avec quelques détails pour montrer à nos lecteurs qui si, d'une part, le gouverneur de Paris tira de grandes ressources de la population et fut secondé par elle pour l'organisation de plusieurs services importants, d'un autre côté l'esprit démagogique de cette population, ses absurdes prétentions militaires et surtout l'influence trop immédiate du gouvernement du 4 septembre furent pour lui une cause permanente de faiblesse et une source d'embarras inextricables. Si ce gouvernement avait été à Tours ou à Bordeaux, il est certain que le

(1) P. 373.

2

général Trochu aurait eu plus d'indépendance et d'autorité. Il en aurait eu plus encore si, en outre, l'enceinte de Paris avait été organisée de manière à pouvoir être défendue avec peu de troupes contre une puissante émeute et si le gros de l'armée avait occupé des camps extérieurs, qui l'eussent soustrait au contact de la bourgeoisie.

Ce n'est pas seulement au point de vue militaire que la population des grandes capitales présente des inconvénients et des dangers; son influence n'est pas moins fâcheuse au point de vue politique. Les Américains du Nord l'ont parfaitement compris en établissant leur gouvernement dans la modeste et paisible ville de Washington et non pas dans la colossale et turbulente *impérial city* (New-York), où il eût été à la merci des factions (1).

—

Le principe *qu'un bon système de défense doit, avant tout, couvrir le siége du gouvernement* est moins absolu que le principe en vertu duquel on propose de fortifier *toutes les capitales*. Il admet, en effet, que le siége du gouvernement soit, dans certains cas, distinct de la capitale, en d'autres termes que le gouvernement, au moment de la guerre, change de résidence, soit pour occuper un point en dehors de l'échiquier stratégique, où il puisse rester en

(1) D'après le recencement de 1860, Washington a 61,122 habitants et New-York 805,658.

communication avec la partie non occupée du pays, soit pour se retirer avec l'armée dans la place servant de pivot central d'opérations.

Dans le premier cas, la résidence du gouvernement doit-elle être fortifiée?

Nous ne le pensons pas.

En 1870-1871, la délégation du gouvernement de la France fut d'abord transférée à Tours; puis, lorsque cette ville ne parut plus en sûreté, on la dirigea sur Bordeaux.

Si Tours avait été fortifié, les armées prussiennes auraient cerné cette place et la délégation se serait trouvée isolée comme l'était, à Paris, le pouvoir dont elle émanait.

Une fois que le gouvernement a quitté la capitale, il n'y a plus de raison pour qu'il ne se déplace pas au fur et à mesure que les nécessités de la guerre rendent ce déplacement désirable.

Toutefois si, en dehors du théâtre des opérations, il y avait un grand pivot stratégique dont l'ennemi ne pût faire l'investissement sans affaiblir outre mesure ses armées actives, il ne faudrait pas hésiter à transférer le gouvernement dans cette place et l'y laisser pendant toute la durée de la guerre.

En 1870, le gouvernement de la défense nationale aurait sans doute abandonné la capitale à l'approche de l'ennemi s'il n'eût craint de livrer à elle-même la versatile population qui l'avait porté au pouvoir et qui était son principal soutien. Il ne prit qu'une demi-mesure en déléguant deux de ses membres pour le représenter à Tours. Cette délégation, à laquelle on adjoignit dans la suite Gambetta, aurait pu rendre de grands services et peut-être arracher à l'ennemi une paix honorable si elle avait été composée d'hommes d'État et de militaires distingués. Elle eut été, au contraire, inutile et même nuisible, si la capitale avait été fortifiée de façon à ne pouvoir être bloquée, parce que alors le gouvernement, restant en communication avec le pays, aurait conservé toute son influence et toute son autorité.

Nous conclurons de là :

1° Que toute capitale dont l'importance stratégique est assez grande pour qu'on en fasse un pivot central de défense doit être fortifiée de manière à ce que le blocus en soit *impossible* ;

2° Que, dans les pays où la capitale n'occupe pas un point stratégique, on doit faire choix d'un autre pivot central et y transférer le gouvernement au moment de la guerre (1).

C'est ce qu'ont fait les Belges en établissant le réduit de la défense à Anvers plutôt qu'à Bruxelles, et c'est ce qu'ont

(1) Le général Tripier partage cette opinion. On lit, en effet, dans ses *Notes*, p. 24 : « Le séjour du gouvernement a donné à Paris une animation pas- » sagère, mais il ne faut pas perdre de vue que, dans le cas d'une nouvelle » invasion, le gouvernement central ne devrait être ni à Versailles ni à Paris ; » il ne faudrait à Paris qu'un gouvernement militaire, comme dans toute » autre place de guerre. »

fait également les Hollandais en choisissant Amsterdam, de préférence à La Haye, comme place de refuge de leur armée. Ils ne se sont pas arrêtés devant l'objection si souvent reproduite et si manifestement exagérée « que la translation du gouvernement à l'heure du danger est matériellement impraticable, à cause des immenses transports qu'elle exige, et politiquement inadmissible, à cause de la défiance et du découragement qu'elle sème dans le pays ».

Si l'on prend d'avance les mesures nécessaires pour opérer cette translation et si l'on réduit au strict nécessaire le personnel et le matériel à évacuer, l'opération ne présentera que des difficultés ordinaires et pourra s'effectuer en quelques heures (1).

D'un autre côté, si l'on prépare en temps de paix la nation à l'idée que l'intérêt de la défense exige impérieusement la translation du gouvernement dans une place fortifiée, cette opération ne produira aucun effet nuisible, aucune émotion, et sera, au contraire, hautement approuvée par le pays.

Du reste, alors même que cette mesure présenterait

(1) Pour transférer à Anvers le personnel et le matériel absolument nécessaire, il ne faudrait pas dix trains. On a ridiculement exagéré les difficultés de cette opération en supposant qu'on transporterait à Anvers tout le personnel et les volumineuses archives de la maison du Roi, des ministères, de la Chambre et du Sénat, de la Cour des comptes, de la Banque Nationale, des tribunaux, etc., ainsi que les musées et les autres collections précieuses, les caisses publiques, le matériel de la monnaie, etc., etc.

quelques difficultés et quelques inconvénients, ce ne serait pas un motif d'y renoncer. « A la guerre, disait Frédéric II, » il faut savoir supporter de petits maux pour éviter un » grand désastre. » Or, dans le cas dont il s'agit, le grand désastre serait le blocus du pivot central, trop facilement et trop promptement accompli. Ce désastre est évidemment moins à redouter pour une ville appuyée à la mer que pour une ville de l'intérieur, pouvant être rapidement cernée par des corps de troupes; moins à redouter pour Anvers, par exemple, — qu'un large fleuve et des inondations profondes mettent en communication avec la mer et avec la Hollande, — que pour Bruxelles, situé au centre de la zone comprise entre la Meuse et l'Escaut.

Pour bloquer la première de ces villes, il faut une armée et une flotte maîtresse de la mer et des ports de la Hollande, pour bloquer la seconde, une armée suffit.

Cette considération justifierait à elle seule le choix d'Anvers comme pivot d'opérations et comme place de refuge de l'armée belge. Mais ce choix est justifié encore par une autre raison, d'une très-grande importance et qui devait fixer particulièrement l'attention des militaires belges. Anvers, l'un des premiers ports de l'Europe et celui qui a pris le plus de développement depuis 1830, — puisque ses affaires ont *décuplé* (1), — possède en tout temps un énorme appro-

(1) En 1829, le mouvement général du port d'Anvers était représenté par 160,658 tonnes; en 1855, par 372,124 tonnes, et en 1872, par 1,641,653 tonnes.

visionnement de céréales, de viande salée, de vins, de spiritueux, de denrées coloniales, de cuirs, de cordages, d'étoffes, de charbon et de matériaux de construction. Si donc l'armée belge, surprise par une brusque invasion, était obligée de se replier sur cette place avant qu'on l'eût approvisionnée, elle pourrait s'y défendre plusieurs mois, tandis que, refoulée sur Bruxelles, elle serait promptement réduite à la famine, cette capitale ville n'ayant pas d'approvisionnements et sa population vivant, pour ainsi dire, au jour le jour.

Les places à camps retranchés *ordinaires* (et par là nous entendons les pivots de manœuvres auxquels on ne peut pas donner un dispositif de défense qui les mette à l'abri du blocus) ayant surtout à redouter la famine et l'épuisement, il faut que, dans le choix de ces places, on tienne grandement compte des ressources qu'elles offrent sous le rapport de l'alimentation et du ravitaillement. Il ne suffit pas qu'un camp retranché satisfasse aux conditions stratégiques et qu'il offre au point de vue tactique de nombreux avantages, il faut encore que l'armée enfermée dans ce camp n'y meure pas de faim dès les premiers jours.

Cette considération — nous l'avons fait remarquer déjà — n'est secondaire que pour les places dont l'investissement présente des difficultés *insurmontables*. Or, désormais on ne pourra assurer cette propriété qu'aux capitales des grands empires; encore faudra-t-il, pour cela, qu'on renonce aux errements suivis jusqu'à ce jour et qu'on adopte pour la défense de ces capitales les mesures qui seront indiquées plus loin.

CHAPITRE II

CONSIDÉRATIONS GÉNÉRALES SUR LE BLOCUS DES CAMPS RETRANCHÉS.

La question du blocus des places à camps retranchés a été traitée pour la première fois par Vauban, à propos de la défense de Paris. On sait que cet illustre ingénieur proposa (1) de renforcer la vieille enceinte de Paris et d'établir « à la très-grande portée du canon de celle-ci » (1,000 ou 1,200 toises) une première enceinte, qui aurait eu 8 lieues de pourtour.

Cette enceinte eut été, selon lui, assez éloignée pour mettre la capitale de la France à l'abri du bombardement et assez vaste pour rendre le blocus impossible : « Si, disait-il, » la ville était pourvue de vivres pour un an et plus, il n'y

(1) *De l'importance dont Paris est à la France*, mémoire écrit en 1689.

» a point d'armée qui pût subsister si longtemps devant » Paris, parce qu'il est à présumer que la plupart des » vivres qui se trouveraient à 15 lieues à la ronde, aussi » bien que les habitants, auraient été retirés dans la ville. » Je dis même que les armées qu'il faudrait pour y pou- » voir simplement former un blocus n'y pourraient pas » subsister ce temps-là. Or, du moment qu'elles ne pour- » raient plus tenir campagne, les assiégés seraient en état » de s'y mettre et de les aller chercher dans leurs quartiers, » qui, étant séparés et nécessairement éloignés les uns des » autres, ne pourraient pas se maintenir. »

Cette opinion pouvait se justifier aisément à une époque où les voies de communication étaient rares et où l'entretien des armées présentait d'énormes difficultés ; elle a cessé d'être vraie depuis que la vapeur a permis d'approvisionner rapidement et à de grandes distances des armées six fois plus nombreuses que ne l'étaient celles de Louis XIV. Ce n'est plus, en effet, aux dépens du pays environnant que les troupes de blocus devraient vivre aujourd'hui ; par conséquent, les conclusions de Vauban ne sont plus admissibles, la situation étant complétement modifiée. C'est ce que n'ont point compris les auteurs qui, après lui, se sont occupés du blocus des camps retranchés.

Le général Rogniat, dans une brochure intitulée : *Réponse à l'auteur*, etc., publiée en 1840, prétend que Paris ne pourrait être bloqué, l'ennemi eût-il 300,000 hommes et plus. Déjà en 1816, ce même auteur avait soutenu, dans ses

Considérations sur l'art de la guerre, qu'un camp retranché établi d'après ses principes (et ayant un périmètre de 4 lieues environ) ne pourrait être bloqué qu'avec une armée *trois fois* plus forte que l'armée défensive.

En 1841, M. Thiers disait, avec l'assentiment des généraux qui avaient fait ou approuvé le projet de défense de Paris, présenté à la législature française : « Aucune » armée du monde ne pourrait bloquer la ligne des forts » sans se disséminer à tel point, qu'elle pourrait être battue » partout. »

Le maréchal Marmont, dans son *Esprit des institutions militaires*, publié en 1845, pose comme « principe fonda- » mental des camps retranchés *qu'ils ne doivent pouvoir* » *être bloqués* ».

Paris et Lintz satisfont, d'après lui, à ce principe. « Un » camp aussi grand que celui de Lintz, dit-il, avec les » obstacles que le pays présente, ne peut être enveloppé » par l'ennemi, et l'armée qui s'y renferme ne peut jamais » perdre toutes ses communications, à moins de supposer » que les forces qu'elle a devant elle soient *au moins le* » *triple des siennes*. »

Le maréchal Soult, les généraux Jomini (1), Rogniat

(1) Cet écrivain célèbre s'était formé une singulière idée de la défense des camps retranchés, s'il faut en juger par la réflexion suivante, qu'il fait sur le camp retranché de Lintz, dont le périmètre est de 10,000 toises :

« Ce tracé semble *un peu étendu*, car, pour être garni complétement sur » une seule ligne avec réserve, il exigerait 150 bataillons au moins. » Mais, et Pelet attribuaient la même propriété au camp de Paris. « L'attaque en règle d'une place à camp retranché, en » présence d'une armée mobile, écrivait Jomini en 1849, » est impossible; bloquer la place est non-seulement impos- » sible, mais serait encore très-dangereux pour l'assié- » geant, qui, en dispersant ses forces, s'exposerait à se » faire battre en détail. »

Enfin, un auteur belge, le lieutenant-colonel Vandevelde, dans une brochure sur les fortifications de Paris, publiée à la fin du mois d'août 1870 (1), résume son opinion comme suit :

« Nous venons de voir que le périmètre de la défense de » Paris est de 60 kilomètres et que, selon toutes probabi- » lités, par suite des travaux de campagne qu'on y ajoutera, » il sera porté de 60 à 80 et peut-être même à 100 kilo- » mètres.

» Entourer une telle forteresse, la bloquer *n'est pas* » *possible;* l'armée la plus formidable qui s'étendrait autour » d'une aussi vaste position serait vulnérable partout, et » l'armée mobile de la défense, bien que numériquement » la plus faible, pourrait aisément battre en détail celle de » l'assiégeant. »

dit-il, « comme la véritable défense ne comporterait guère qu'une étendue » de 4,000 toises, avec 80 bataillons le camp serait bien gardé. » (*Précis de l'art de la guerre.*)

(1) *Description des fortifications de Paris*, p. 9.

Une publication antérieure du même auteur (1) prouve que cette opinion repose sur deux hypothèses inexactes, à savoir : qu'il est impossible de faire vivre une grande armée concentrée, et qu'on peut écraser plusieurs corps d'une armée non concentrée, avant que les corps voisins aient le temps de venir à leur secours.

Supposant Bruxelles entouré d'un camp retranché de 37 kilomètres de pourtour et défendue par une armée mobile de 60,000 à 80,000 combattants, il dit : « Si le géné-
» ral ennemi osait, avec une armée de 150,000 hommes,
» tenter l'investissement de la place (en occupant un cordon
» de 12 lieues) l'armée belge pourrait se porter sur un
» point quelconque de la ligne ennemie, avec une telle
» supériorité numérique, qu'elle anéantirait celle-ci partout
» où elle la rencontrerait, comme le fit Radetzky à Verone
» en 1848 (2).

» Mais supposons qu'une armée de 150,000 hommes
» fasse mieux : qu'elle se tienne réunie pour attaquer un
» point quelconque de notre position ; d'abord, *comment*
» *faire vivre cette armée si fortement concentrée,* sans
» avoir formé d'avance des magasins considérables ?

» Ensuite, cette armée devrait toujours prendre pour
» l'attaque ou une disposition circulaire par rapport à
» notre position, ou une disposition parallèle par rapport à

(1) *Considérations sur les écrits,* etc. Bruxelles, 1850.

(2) Exemple mal choisi, puisque Verone, en 1848, n'a pas été investi.

» une des faces de cette position. Or, l'une et l'autre de ces
» dispositions mettraient encore l'armée ennemie dans les
» conditions les plus défavorables (l'armée belge pouvant,
» grâce à sa position centrale, déborder sans danger l'une
» des extrémités de la ligne ennemie). »

De récents faits de guerre ont prouvé que ce raisonnement est défectueux.

Dans nos *Études sur la défense des États,* publiées en 1863, nous sommes également arrivés à une conclusion trop absolue en soutenant qu'une armée de 12 corps ne peut pas bloquer hermétiquement un camp retranché défendu par 4 corps seulement. Pour justifier cette conclusion, nous avons raisonné comme suit : Les 4 corps de la défense se concentreront pendant la nuit à la limite du camp, en face d'un des corps ennemis, et l'attaqueront à la pointe du jour avec une rapidité telle, que les 2 corps voisins ne pourront intervenir dans la lutte que lorsque le premier sera déjà fort entamé. Dans ces conditions, les 4 corps de la défense écraseront facilement les 3 corps de l'attaque.

Cette conclusion est évidemment trop favorable à la défense, puisqu'elle suppose que l'assiégeant n'emploiera ni espions ni guetteurs, pour être prévenu des moindres mouvements de l'assiégé, et qu'il ne retranchera pas sa ligne de contrevallation pour arrêter les colonnes d'attaque au moins jusqu'à ce que les corps voisins et les troupes d'observation puissent prendre part au combat.

Il est à remarquer, du reste, qu'en 1863 l'infanterie n'avait pas encore adopté, d'une manière générale, le fusil à chargement rapide, qui assure à la défense une supériorité telle, que les attaques de front (les seules possibles à une armée de sortie cherchant à forcer la ligne concave de blocus) ne peuvent réussir sans le concours d'une attaque de flanc ou d'une grande masse d'artillerie.

L'auteur qui est entré dans le plus de détails pour démontrer que les places à camps retranchés ne peuvent pas être investies est le général Rogniat. Nous citerons son opinion *in extenso* pour faciliter la réfutation que nous nous proposons d'en faire :

« Que les incrédules, dit-il (1), jettent les yeux sur une » carte des environs de Paris : ils y verront que l'ennemi » ne parviendrait à occuper en force toutes les routes qui » rayonnent sur notre vaste camp retranché et, par consé- » quent, à le bloquer qu'en étendant et en disséminant son » armée sur un circuit de 23 lieues de pourtour. Je me sers » de cette expression : *occuper en force toutes les routes*, » pour faire comprendre qu'on ne peut regarder Paris » comme bloqué si l'assiégeant se borne à intercepter » momentanément quelques-unes de ces routes par des déta- » chements de cavalerie et à battre de ses partis la campagne » environnante ; car l'armée défensive saurait bien assurer » ses convois contre ces troupes légères, par des escortes

(1) *Réponse à l'auteur*, etc.

» suffisantes. Je veux que l'assiégeant soit parvenu à réunir
» sous Paris 300,000 combattants; une armée de 300,000
» hommes, rangée à l'ordinaire sur 2 lignes, soutenue
» par des réserves, occupe un front de 6 lieues environ.
» Mais il s'agit de l'étirer et de la disperser sur un front de
» 23 lieues. Il ne lui resterait plus même la consistance
» d'une seule ligne fractionnée en une multitude de petits
» postes par la nécessité de garder une immense circonfé-
» rence; elle serait partout d'une extrême faiblesse. De
» plus, ses quartiers, séparés par 3 rivières, la Basse-
» Seine, la Haute-Seine et la Marne, isolés par de mauvais
» chemins, puisque les environs de la capitale manquent
» de routes transversales, se réuniraient bien lentement.

» Cependant, l'armée défensive, campée au milieu de ce
» cercle immense, libre de ses mouvements, à l'appui de
» ses forts, maîtresse de choisir son point d'attaque et d'y
» réunir toutes ses forces, aurait peu de peine à rompre
» cette toile d'araignée. Laissant les recrues à la garde
» des forts et la garde nationale à celle de l'enceinte de la
» ville, dérobant ses mouvements à la faveur des ombres
» de la nuit, le général en chef réunit toutes ses forces
» actives sur le champ de bataille de son choix. Ses
» colonnes d'attaque s'ébranlent au point du jour, au milieu
» du tapage de l'artillerie de tous les forts et du tiraillement
» des têtes de colonnes, qu'il fait déboucher sur les points
» les plus opposés, afin de masquer l'attaque véritable.
» Il ne lui faut pas 2 heures pour renverser tout ce

» cordon de postes sans consistance, qu'il a devant lui; » nul doute qu'il ne les ait enlevés avant que le général » ennemi, attaqué inopinément sur un point et menacé sur » les autres, ait pu seulement découvrir l'attaque réelle et » faire parvenir ses ordres; d'ailleurs, considérez l'éloigne- » ment de ses troupes de secours : quelques-unes auraient » 12 lieues à faire. *Une tentative de blocus serait, à mon* » *sens, une témérité impardonnable, qui entraînerait un* » *prompt châtiment.* »

Le blocus de Paris par l'armée prussienne a prouvé que ce raisonnement n'est pas admissible, puisque 236,000 hommes (1) ont pu réduire par la famine une garnison de 300,000 combattants (2), dont les trois quarts, à la vérité, étaient des soldats de récente formation ou des gardes nationaux, mais qui néanmoins représentaient une force au moins égale à celle de 100,000 hommes de bonnes troupes.

(1) Au début de l'investissement, le 19 septembre, les Prussiens n'avaient autour de Paris que 122,661 fantassins, 14,433 cavaliers et 592 canons attelés. Le XIe corps et le Ier corps bavarois n'arrivèrent que le 22 septembre. Plus tard encore, arrivèrent une division de landwehr de la garde, la 17e division d'infanterie et la 4e division de cavalerie. Le 21 octobre, il y avait devant la place 202,030 fantassins, 33,794 cavaliers et 898 canons attelés (chiffres extraits des situations publiées par le major Blume).

(2) La garnison de Paris comprenait, au début du siége : 60,000 à 70,000 hommes de troupes de ligne (XIIIe corps, XIVe corps et garnison de Saint-Denis), 15,000 canonniers et sapeurs du génie, presque tous marins, 7,000 matelots-fusiliers, 105,000 mobiles, 15,000 hommes appartenant à 60 corps francs, 5,000 douaniers, gardes forestiers, anciens sergents de ville, etc., et 80,000 gardes nationaux.

A Metz, une armée aguerrie de 150,000 hommes (1) fut bloquée par 160,000 Prussiens (2).

Mais comme le maréchal Bazaine n'a fait aucune tentative sérieuse pour forcer la ligne du blocus dans les premiers jours qui suivirent la bataille de Gravelotte, on ne peut pas tirer de ce fait une conclusion certaine.

L'exemple de Paris est plus instructif ; quoique, là aussi, il y ait eu de l'hésitation et que de grandes fautes y aient été commises, on a cependant le droit d'invoquer cet exemple pour soutenir qu'avec des forces à peu près doubles de celles de l'assiégé il est possible de bloquer des places de l'importance de Metz et de Paris *lorsque le terrain est favorable à l'investissement*.

(1) Au moment de la capitulation, Bazaine avait encore 173,000 hommes, y compris environ 18,000 malades. Pendant les 70 jours de blocus, son armée avait perdu 2 généraux, 8 officiers supérieurs, 92 officiers subalternes et 2,177 hommes tués ou morts dans les hôpitaux (Goetze).

(2) *Opérations des armées allemandes*, etc., par le colonel Borbstaedt, (p. 550).

Des renseignements puisés à des sources en quelque sorte officielles nous permettent d'affirmer qu'à la fin d'août l'armée de blocus se composait de 190 bataillons, réduits par les combats et les maladies, et dont l'effectif total s'élevait à 123,500 hommes. Les autres armes ne comptaient que 12,000 combattants. Au commencement de septembre, les troupes de renfort (*Ersatztruppen*) vinrent compléter les effectifs et en porter le total à 200,000 hommes. Mais le XIIIe corps partit après la bataille de Noisseville (31 août) pour Toul, Reims et Soissons, et la 1re division du IIe corps fut dirigée, le 22 octobre, sur Paris ; de sorte que, au moment de la capitulation, l'armée de blocus n'avait que 160,000 combattants.

Cette possibilité n'existait pas autrefois, parce qu'on n'avait pas le télégraphe pour avertir les corps éloignés, ni le chemin de fer pour les amener rapidement au point menacé, ni le fusil à aiguille, les tranchées-abris, les réseaux de fils de fer et les torpedos, pour défendre pied à pied les positions.

M. Thiers et le général Rogniat ne tenaient pas compte de ces éléments nouveaux lorsqu'ils disaient, le premier dans son rapport sur les fortifications de Paris (*voir* le *Moniteur* du 14 janvier 1841) : « Jamais un ennemi ne restera 60 jours devant Paris; c'est lui et non Paris qui serait affamé, » et le second, dans sa brochure de 1840 : « L'armée défensive réunie au centre de la ligne d'investissement... aurait *peu de peine* à rompre cette *toile d'araignée*. »

Le maréchal Marmont n'en tenait pas compte non plus dans le passage suivant de son *Esprit des institutions militaires,* où il suppose que Paris, occupé par une armée de 80,000 à 100,000 hommes, ne pourrait être bloqué : « Quelles que puissent être, dit-il, les conséquences de la » plus funeste campagne, 80,000 ou 100,000 hommes de » débris composeront toujours les restes de l'armée, et, « appuyés à des forts régulièrement construits, ces 80,000 » hommes seront inexpugnables. En moins d'un mois, cette » armée pourra, grâce aux ressources de Paris et aux *se-* » *cours des départements voisins,* remplir ses cadres, répa- » rer ses pertes, atteindre le chiffre de 300,000 hommes et

» prendre l'offensive ; alors, quelle force ne faudra-t-il pas à » l'ennemi pour résister ? S'il se divise, il sera faible partout » et facilement détruit ; s'il se tient réuni pour résister » et combattre, comment vivra-t-il ? »

Les Prussiens ont prouvé que 236,000 hommes peuvent vivre sans trop de difficulté pendant 4 mois devant une place, en pays ennemi, à 600 kil. de leur base d'opérations.

L'objection fondée sur la difficulté d'approvisionner l'armée assiégeante doit donc être écartée ; il en est de même de l'objection fondée sur l'impossibilité d'étendre cette armée sans l'exposer à être battue en détail.

Nous nous trouvons ici en présence de deux opinions contradictoires : celle des stratégistes cités plus haut, qui déclarent l'investissement impossible à moins que l'armée de blocus ne soit *au moins trois fois* plus forte que l'armée bloquée, et celle d'un petit groupe de militaires qui, se fondant sur les blocus d'Alesia (1), de Metz et de Paris, soutiennent « qu'il est possible de bloquer une armée dans » une grande forteresse avec une armée *de force égale* » et de l'empêcher de percer la ligne d'investissement (2). »

Les considérations que nous présenterons plus loin

(1) Les 80,000 combattants de Vercingetorix furent bloqués par 70,000 à 75,000 Romains sous les ordres de César. Les lignes de contrevallation et de circonvallation que ce célèbre général avait fait construire autour d'Alesia résistèrent aux efforts de la garnison et à ceux des 240,000 Gaulois qui arrivèrent au secours de Vercingetorix.

(2) *Taktische Folgerungen*, etc., par von Boguslawski ; Berlin, 1872.

(chapitre IV) prouveront que la vérité est entre ces deux extrêmes.

L'erreur des stratégistes qui ont exagéré les difficultés du blocus et déclaré cette opération impossible dans la plupart des cas, provient de ce qu'ils supposent qu'un corps d'investissement peut être écrasé par des forces supérieures avant que les corps voisins aient le temps de venir à son secours. Or, cette supposition est inadmissible quand il s'agit d'une armée établie dans ses lignes.

La seule période critique, pour l'assiégeant, est celle pendant laquelle il dirige ses corps du point d'arrivée sur l'extrémité opposée du diamètre. Il est alors, en effet, obligé de présenter le flanc aux troupes concentrées de la défense.

Le général Trochu n'a pas négligé de saisir ce moment, mais on peut lui reprocher de n'avoir pas attaqué avec des forces suffisantes. Paris, de l'aveu même de son gouverneur, avait 85,000 hommes de troupes exercées. Au lieu de les réunir et de confier momentanément la surveillance des forts à la garde nationale mobile, le général Trochu en donna au général Ducrot que 28,000 hommes (1), force

(1) Le général Trochu a cherché à justifier cette action peu décisive en disant à l'Assemblée nationale :

» Les colonnes prussiennes, par un mouvement combiné comme elles le
» savent faire, arrivaient sous Paris.

» La plus considérable, qui avait passé la Seine au sud de Paris, se diri-
» geait sur Versailles, objectif naturellement désigné à l'ennemi...

» Cette colonne longeait le plateau de Châtillon. 100,000 hommes évidemment trop faible pour obtenir un résultat décisif. Quand cette petite armée déboucha des ouvrages qui couvraient Châtillon et Clamart, elle fut accueillie par les feux de l'artillerie et de l'infanterie prussiennes, cachées dans les bois et dans les villages ; surprise et accablée par ces feux, une partie de la droite, composée de troupes de nouvelle formation, lâcha pied et se répandit dans les rues de Paris ; le restant se jeta dans la redoute inachevée de Châtillon, pendant que la gauche se retirait vers Villejuif, derrière la redoute des Hautes-Bruyères.

Cet échec décida les Français à évacuer les positions extérieures (Meudon, Brimborion, Montretout, Gennevilliers) et à rompre les ponts de Billancourt, de Sèvres, de Saint-Cloud, d'Asnières, de Clichy et de Saint-Ouen.

« A partir de ce jour, dit le major Blume, l'armée d'investissement eut toute latitude pour s'établir avec soin dans ses positions, pour les renforcer par des travaux de forti-

» m'étaient nécessaires pour la garde journalière des avancées, des forts et » des remparts ; je n'en avais que 85,000 à peu près en état de combattre. Je » jugeais cependant avec mon énergique et habile collaborateur, le général » Ducrot, qu'il fallait, coûte que coûte, disputer à l'ennemi son établissement » à Versailles, et j'y consacrai 28,000 hommes (14e corps). »

Il est certain que le gouverneur de Paris aurait dû faire, ce jour-là, un effort plus énergique, au risque même de dégarnir les forts qui, somme toute, étaient à l'abri de l'escalade. Rien ne prouve cependant que cet effort eût produit les résultats annoncés par certains critiques. Les Prussiens, en effet, étaient en mesure de soutenir efficacement les corps engagés et, dès lors, l'affaire de Châtillon serait devenue une grande bataille, où vraisemblablement les Français auraient été battus.

» fication, pour rétablir les routes, les ponts, les télégraphes » nécessaires aux communications, pour remplir ses cadres » affaiblis en appelant des hommes des dépôts, pour com- » pléter son habillement, ses munitions, etc., enfin pour » organiser définitivement le service des approvisionne- » ments. »

Le moment opportun était donc passé et toutes les tentatives ultérieures de la défense ne pouvaient plus avoir pour résultat que de faire une percée dans la direction d'une des armées de secours.

Les stratégistes qui ne tiennent pas compte de l'influence des retranchements, ni de la qualité des troupes, ni de leur moral, ni de leurs ressources, ni de la nature du terrain, ni d'autres circonstances qui contribuent aux succès et aux revers des armées, ces stratégistes, disons-nous, faisant manœuvrer les armées comme des pions sur un échiquier, arrivent naturellement à des conclusions fausses et à des appréciations injustes.

Nous en citerons un exemple tiré de *La tactique appliquée au terrain*, par le lieutenant-colonel Vandevelde.

On y lit (t. II, p. 316 de ce livre, publié en 1873) : « Pra- » tiquer une trouée dans un cordon de 25 lieues d'étendue, » gardé par 200,000 hommes seulement, est pour une » armée de 100,000 hommes chose trop facile pour ne pas » réussir quand on a la *ferme volonté* d'y parvenir...

« Si, à la sortie de Champigny, Ducrot, à la tête de l'élite » des armées de Paris (plus de 100,000 hommes), avait eu

» la *ferme volonté* de percer, ce n'était pas la division » wurtembergeoise, qu'il avait seule devant lui, qui aurait » pu l'en empêcher ; mais les effroyables désastres que les » armées françaises avaient essuyés sur la Meuse et sur la » Moselle avaient rendu les généraux encore plus circon- » spects que la troupe et il en était résulté une hésitation » dans le commandement et une défiance dans les opéra- » tions, qui firent avorter toutes les entreprises.

» Cependant, au lieu de se borner à faire des *sorties* dont » le nom seul révèle dans l'esprit de la troupe l'idée » démoralisante de rentrer au plus tôt, si, disons-nous, le » généralissime de Paris était entré franchement en cam- » pagne avec l'élite de ses armées, ayant pour lui l'avan- » tage de la mobilité et l'initiative de l'attaque, il aurait » pu, en traversant la contrevallation et en la prenant » ensuite à revers, combattre successivement les fractions » isolées des Allemands avec une supériorité numérique » marquée.

» On s'étonne, et avec raison, que Paris, qui renfermait » 500,000 hommes armés, s'est laissé renfermer dans une » contrevallation de 25 lieues de circuit (1). En effet, si, en » rase campagne, on plaçait 2 armées dans la condition » de la figure que voici :

(1) Ce chiffre est inexact. La ligne d'investissement occupée par les avant-postes prussiens n'avait, d'après le major Blume, qu'une étendue de 83 kilomètres ou 16 1/2 lieues. (Les forts occupaient un périmètre de 57 kilomètres.)

» L'armée B, forte de 200,000 hommes, disséminée sur » un front de 25 lieues d'étendue.

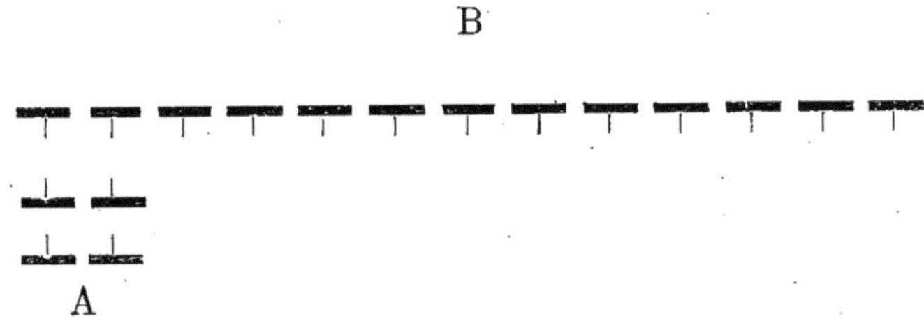

» L'armée A, forte de 100,000 hommes, réunie en une » seule masse en face d'une extrémité de l'armée B.

« Dans cette hypothèse, c'est évidemment l'armée A qui, » quoique inférieure en nombre, battra l'armée B.

« Eh bien, notre hypothèse expose parfaitement la situa- » tion dans laquelle se sont trouvés les belligérants vers la » fin du blocus de Paris, avec cette différence en faveur » des Français, que les Allemands, au lieu de se trouver » répartis sur une ligne droite, étaient disséminés sur un » cercle où chacun de leurs corps pouvait être menacé » d'une attaque par les 400,000 hommes armés restés dans » Paris. »

Des faits inexactement rapportés et des circonstances importantes négligées ou dédaignées peuvent seuls expliquer les fausses conclusions que l'auteur a tirées de ce raisonnement, à savoir : 1° que le succès du blocus de Paris tient à l'hésitation et au manque de résolution des généraux, et 2e que 100,000 hommes attaquant une ligne d'investissement occupée par une armée de 200,000 hommes doivent nécessairement détruire cette armée.

Comme il s'agit ici d'une importante question de grande tactique, qui n'a pas encore été examinée à fond, nous croyons devoir signaler les erreurs et les omissions qui ôtent toute valeur aux conclusions du lieutenant-colonel Vandevelde :

Il n'est pas exact qu'en débouchant de Champigny, le général Ducrot eût 100,000 hommes sous la main et seulement une division wurtembergeoise devant lui. Les deux corps qui passèrent la Marne le 30 novembre comptaient 60,000 à 70,000 hommes, y compris la division Susbielle, forte de 10,000 hommes. Ce jour-là, il y eut 50,000 Français engagés à Champigny, Cœuilly et Villiers, non contre les Wurtembergeois seulement, mais contre les Wurtembergeois et les Saxons (1). L'attaque se fit, de l'aveu même des Allemands, avec une très-grande vigueur et sous la direction d'un général qui, avant de partir, avait fait le serment antique de rentrer dans Paris « victorieux ou mort ». Personne n'admettra que ce général, renommé pour sa bravoure et son énergie, n'ait pas eu la ferme volonté de percer les lignes prussiennes et qu'il ait péché par trop de *circonspection* et d'*hésitation*.

(1) *Guerre des frontières du Rhin*, par Rustow. *Opérations des armées allemandes*, etc., par Blume.

Quant au mérite de l'opération, on ne peut pas l'apprécier, comme le fait M. Vandevelde, en tenant compte seulement des forces en présence. Sans doute, les Allemands furent, ce jour-là, inférieurs en nombre (environ 1 contre 2), mais ils occupaient des positions que, depuis 2 mois, ils avaient renforcées, pour ainsi dire, chaque jour. Or, malgré leur supériorité numérique et leur bravoure, les Français eurent besoin de toute la journée du 30 pour s'établir dans les villages de Brie et de Champigny, qui faisaient partie de la première ligne d'investissement.

Le 1er décembre, l'armée de Ducrot fut portée à 100,000 hommes par l'arrivée du corps d'Exea; mais alors il avait à combattre au moins 50,000 Allemands (1) qui, sous tous les rapports, se trouvaient dans de meilleures conditions que les Français (2) et au secours desquels se portaient en toute hâte des renforts considérables. Cette armée, sous le commandement de l'intrépide général Fransecki, prit l'offen-

(1) Dans la matinée du 1er décembre, les Prussiens disposaient du IIe corps, de la 24e division du XIIe corps, de la division wurtembergeoise et de la 21e brigade du VIe corps (Blume).

Le capitaine Goetze évalue les forces présentes ce jour-là, sur le lieu du combat, à 2 1/2 corps. (T. II, p. 39.)

(2) Les Français étaient à moitié démoralisés par l'insuccès des tentatives faites le 29 novembre pour jeter des ponts sur la Marne, insuccès qui obligea Trochu à modifier les dispositions prises pour la sortie. Néanmoins, ils se battirent avec acharnement. Les Prussiens perdirent, le 30 novembre et le 2 décembre, 263 officiers et 4,541 soldats. Le major Blume évalue les pertes de Ducrot à 10,000 ou 12,000 hommes, y compris les prisonniers.

sive le 2 décembre et repoussa les Français au delà de la Marne. « Le lendemain, dit le major Blume, Ducrot aurait » trouvé devant lui une masse de 80 bataillons, de 26 esca- » drons et de plus de 250 bouches à feu. »

M. Vandevelde prétend que si le général Trochu, au lieu de faire des *sorties*, était entré franchement en campagne avec l'élite de ses armées, il aurait pu traverser la contre-vallation et, la prenant ensuite à revers, détruire l'un après l'autre tous les corps prussiens.

Il ignore donc que l'attaque du 30 novembre fut faite avec *l'élite des armées* et quelle eut pour but de percer les lignes d'investissement et de marcher à la rencontre des 150,000 hommes que Gambetta avait promis de diriger sur Fontainebleau (1)?

Si l'opération ne réussit point, est-ce la faute du général en chef ou celle de Ducrot? Qui oserait l'affirmer, après avoir examiné les positions attaquées et l'état des troupes en présence?

Alors même que, le 1er décembre, les lignes prussiennes eussent été percées, l'opération aurait échoué, parce qu'il n'y avait pas d'armée de secours assez proche pour permettre aux forces de Ducrot de se réunir immédiatement

(1) « Les combats de la Marne, dit le général Trochu, ont été livrés parce » que Gambetta avait promis que 150,000 hommes de la Loire seraient à » Fontainebleau. Le combat a été terminé le 2 au soir, faute de munitions. » *Enquête*, etc., p. 110.

à elle et de tenir ensuite la campagne (l'armée de la Loire n'ayant pu déboucher par Orléans).

Le major Blume dit que l'état-major allemand examina ce qui serait arrivé si la sortie de Ducrot avait réussi. Il ne fait pas connaître l'opinion de cet état-major; mais il y a lieu de croire qu'elle est conforme à celle qu'il exprime dans les termes suivants :

« Si Ducrot avait percé le 30, il aurait dû forcément camper pendant la nuit suivante auprès de Villiers, sous les » yeux mêmes des troupes allemandes. Pendant ce temps, » la garde et la majeure partie du IVe corps se seraient » concentrées et auraient pu venir occuper pendant la nuit » une position bien choisie, de l'autre côté de la Marne. Le » lendemain matin, les troupes allemandes qui se trouvaient entre la Seine et la Marne n'auraient pas permis à » l'ennemi de continuer son mouvement sans nouveaux combats et on aurait gagné ainsi les délais nécessaires pour » être en mesure de l'attaquer en rase campagne avec les » troupes fraîches de la garde et du IVe corps (1). »

(1) *Opérations des armées allemandes*, p. 171. Le capitaine Goetze est du même avis.

En thèse générale, c'est une faute de livrer bataille à l'assiégeant loin du camp retranché, lorsqu'on n'est pas certain de l'écraser. Le général Jomini ayant été consulté en 1849 sur la manière d'attaquer une place à camp retranché, défendue par une armée mobile, répondit : « Le meilleur moyen » pour prendre une telle place serait d'attirer son armée mobile en » campagne, puis de manœuvrer de manière à la couper de la place, de la » détruire et, quand il n'y aurait plus d'armée mobile, d'attaquer la place soit » de vive force, soit pied à pied. »

Nous ajouterons que, si Ducrot avait vaincu toutes ces résistances, sa situation n'eût pas été meilleure, puisqu'il se serait trouvé sans vivres dans une zone de plusieurs marches de profondeur, épuisée par les réquisitions des Allemands ; qu'il aurait été coupé de Paris par l'armée d'investissement, poursuivi par une grande partie de celle-ci et menacé en front ou sur ses flancs par l'armée du prince Frédéric-Charles. Le général de Bellemare disait, dans un conseil de guerre tenu à Paris le 31 décembre : « Si la trouée de Ducrot avait réussi, l'armée se serait » trouvée avec des ennemis en arrière et en flanc dans » une zone ravagée à plus de 40 lieues (1). » L'auteur des *Considérations sur le système défensif de Paris* est du même avis (2). « Si les Allemands, dit-il, avaient laissé » l'armée de Ducrot s'enfoncer dans les plaines de la » Brie, après la bataille de Champigny, ils l'auraient » prise ou détruite tout entière. Ils ont préféré la refouler » dans la ville pour augmenter les bouches et hâter la » reddition par la famine. »

M. Vandevelde soutient qu'après avoir percé les lignes

(1) *Enquête sur le 4 septembre*, p. 110.

(2) On lit dans cet ouvrage (p. 21) :

« L'armée doit attaquer chaque jour les armées d'investissement, mais » sans se laisser couper de Paris. Qu'irait-elle faire dans une zone vide, où elle » ne pourrait renouveler ni ses munitions si ses vivres ? Elle courrait le danger » d'être détruite ou prisonnière avant d'avoir atteint les armées de secours, » et Paris, réduit à sa *force passive*, serait promptement obligé de se rendre. »

d'investissement, Ducrot aurait dû se retourner pour attaquer à revers les corps voisins et détruire successivement « les fractions isolées des Allemands avec une supé» riorité numérique marquée » ; mais pour justifier ce mode d'opération, il suppose que les corps non attaqués « auraient été menacés par les 400,000 hommes armés » qui seraient restés dans Paris ».

Cette hypothèse est toute gratuite.

Les documents officiels constatent, en effet, qu'au début du siége Trochu n'avait que 85,000 hommes en état de tenir la campagne, à savoir : 60,000 à 70.000 hommes de troupes de ligne et 18,000 marins, dont 4 bataillons d'infanterie de marine. Or, le combat de Châtillon prouva qu'une forte partie de cette armée n'avait aucune solidité.

A la date du 6 novembre, la situation des troupes de Paris était la suivante :

Ire *armée*, garde nationale sous les ordres de Clément Thomas . . . . 133,000 h^s^.

IIe *armée*, bonnes troupes sous les ordres de Ducrot . . . . 105,000 h^s^.

IIIe *armée*, jeunes troupes sous les ordres de Vinoy . . . . 70,000 h^s^.

Troupes diverses préposées à la garde des forts et des remparts. . . . . 80,000 h^s^.

Ainsi, au lieu des 500,000 hommes armés que M. Vandevelde prête au général Trochu, celui-ci n'avait, en réalité, que 308,000 hommes de troupes actives et 80,000 hommes de troupes immobilisées. Parmi les premières, 105,000 seulement offraient quelques garanties. Les 70,000 hommes sous Vinoy manquaient d'instruction et de solidité. Quant aux 133,000 gardes nationaux sous Clément Thomas, ils ne pouvaient servir à rien.

Le général Trochu était donc dans le vrai lorsqu'il disait, le 12 novembre, à ses collègues du gouvernement : « Il y a 110,000 hommes de troupes et de l'artillerie ; avec » cela, on ne peut répondre de percer les lignes (1). »

Cette force, la seule que l'on pût opposer en rase campagne à l'ennemi, subit de grandes pertes dans les combats du 30 novembre et du 2 décembre.

Le 30 décembre, le général Trochu disait : « L'armée est » réduite à 70,000 hommes et fort démoralisée ; les meil- » leurs officiers sont tués. » Aussi lorsqu'il résolut de faire un suprême effort, le 19 janvier, c'est à grand'peine qu'il put réunir 27,500 hommes sous Ducrot (aile droite), 34,000 sous Bellemare (centre) et 22,250 sous Vinoy (aile gauche) : total, 84,250 hommes, dont plus d'un tiers étaient des mobiles et des gardes nationaux mobilisés (2).

(1) *Enquête*, etc., p. 67.

(2) La garde nationale se conduisit mal, comme on devait s'y attendre. C'est ce qui fit dire à Trochu, le 20 janvier : « Il y a dans la garde natio- » nale des individus d'un courage remarquable, mais la masse est d'une » inexpérience très-périlleuse. »
Enquête, etc., p. 136.

Dans le conseil de guerre tenu le 31 décembre, des membres civils du gouvernement prétendirent qu'on avait 200,000 hommes à lancer contre l'ennemi pour faire une trouée. Le général Ducrot leur répondit : « On ne peut faire » une trouée sans avoir l'objectif d'une armée de secours à » atteindre. Quant à l'idée de se porter en avant avec » 200,000 hommes, c'est une idée folle ; les premiers obus » qui tomberaient dans cette multitude amèneraient une » débandade honteuse. »

Il résulte de l'ensemble de ces faits qu'il n'était pas au pouvoir de Trochu de faire lever le blocus de Paris avec les forces dont il disposait.

Sur ce point, le lieutenant-colonel Vandevelde est dans une erreur complète. (*Voir* l'annexe II.)

Nous n'admettons pas non plus le raisonnement qu'il fait pour démontrer que 100,000 hommes doivent nécessairement écraser 200,000 hommes occupant une ligne d'investissement.

Dans ce raisonnement, il ne tient pas compte des avantages que donnent à l'attaque : 1° la disposition circulaire des corps d'investissement, disposition qui leur permet de déborder les ailes de l'armée de sortie et d'interdire, par conséquent, à celle-ci toute attaque de flanc; 2° les défenses naturelles et artificielles qui couvrent les positions de ces corps.

Il est absolument inadmissible qu'on assimile une armée de blocus, fortifiée dans ses positions, à une armée en campagne occupant la même étendue de terrain en ligne droite.

Les sorties des Français à Paris et à Metz prouvent, en effet, que les lignes d'investissement donnent une grande prépondérance à l'armée qui les occupe, alors même que celle-ci est, dans les premiers moments, inférieure en nombre au point attaqué.

La sortie du 19 janvier fut faite avec la certitude qu'elle ne réussirait point : « On ne parviendra pas à percer les » lignes prussiennes », avait dit Trochu le 26 décembre (1) et, 2 jours avant, il avait appelé cette sortie *un coup de désespoir*. Les lignes qui couvraient le Ve corps, entre Saint-Cloud et Buzenval, sur une étendue de 8,000 pas, étaient effectivement si fortes que 20,000 hommes suffirent pour en arrêter 84,000 et que, dans cette lutte de 10 heures, les Français perdirent 6,000 hommes, tandis que les Prussiens n'eurent que 39 officiers et 625 hommes tués, blessés et disparus (2).

Grâce aux tranchées-abris et aux postes fortifiés qui couvraient le front des corps de Frossard et de Lebœuf, à la bataille de Gravelotte, ces corps repoussèrent les attaques des VIIe, VIIIe et IIe corps prussiens et conservèrent leurs positions jusqu'au lendemain. La défense de la ferme des

(1) *Enquête*, etc.

(2) Major Blume. L'attaque faite le 21 octobre par 12,000 hommes d'infanterie française et 94 pièces, contre les avant-postes de la 10e division, à la Malmaison et à Buzenval, fut repoussée après plusieurs heures de combat. Les Prussiens ne perdirent que 300 hommes environ.

Moscou, devant la gauche du IIIe corps français, et de l'auberge du Point-du-Jour, devant la droite du IIe corps, « marque, dit le colonel Lecomte, une belle page dans l'his- » toire. Cette action, ajoute-t-il, de même que la bataille » de Noisseville (livrée le 31 août), montre le *terrifiant effet* » des nouvelles armes bien appliquées à la défense. »

Le IIe corps français n'éprouva que des pertes relativement faibles; le général Frossard attribue cette circonstance « aux précautions prises pour abriter les combattants par » des levées en terre et des épaulements sur les points » importants ».

Ces faits remarquables prouvent que l'on ne peut pas assimiler une ligne de blocus retranchée à une ligne de bataille ordinaire. Ils témoignent, en outre, contre l'opinion suivante, que formule en termes si absolus l'auteur de *La tactique appliquée au terrain* : « Une armée de 80,000 » à 100,000 hommes, renfermée dans un camp retranché » bien conditionné, loin de s'y laisser bloquer, battra, si » son chef est habile et entreprenant, celui qui tentera de » l'y enfermer (1). »

En raisonnant ainsi, M. Vandevelde a non-seulement méconnu les avantages considérables qu'assurent à l'assiégeant sa position enveloppante et ses lignes fortifiées ;

(1) T. II, p. 415. Après ce paragraphe, l'auteur s'écrie :
« Voilà les préceptes qui doivent prévaloir dans le tracé et dans la défense » des grandes positions fortifiées ! »

il a, de plus, négligé de tenir compte de la puissance des fusils à chargement rapide et de l'énorme accroissement de force qu'ils donnent à la défense (1). Ces armes ont rendu fort difficiles et très-meurtrières les attaques de front contre des troupes retranchées et même contre des troupes agissant à découvert (2). Les campagnes de 1866 et de 1870 en offrent des preuves remarquables; nous n'en citerons que deux : l'insuccès de l'attaque de front de la garde prussienne sur Saint-Privat, pendant la bataille de Gravelotte, et l'attaque si longtemps indécise du Ve corps prussien contre le centre de l'armée française à Wœrth; cette dernière ne réussit que par l'attaque de flanc du XIe corps et l'intervention opportune du Ier corps bavarois; elle coûta aux Prussiens 220 officiers et 5,436 hommes! Quant à l'attaque de front de la garde, bien que cette troupe

(1) « Les traités de science militaire, dit un écrivain allemand, donnent » un moyen de combattre la tactique enveloppante : c'est de concentrer une » masse sur un point pour frapper un coup puissant et percer la ligne, » nécessairement très-mince, de l'armée enveloppante; mais on avait déjà » vu en 1866 que l'emploi de ce moyen n'est plus aussi facile qu'autrefois, » parce que la puissance énorme de la mousqueterie rend les attaques de » front très-difficiles et *surtout très-longues,* et donne ainsi à l'ennemi le » temps de renforcer suffisamment le point attaqué. » *Taktische Folgerungen,* etc., par von Boguslawski.

(2) Contrairement à ce que prétend M. Vandevelde, nous sommes d'avis que, si l'attaque a retiré de grands avantages de l'emploi des fusils et des canons rayés se chargeant par la culasse, ces armes ont été plus utiles encore à la défense, lorsqu'elle occupe des positions retranchées. Le raisonnement et l'expérience ne permettent pas d'en douter.

fût dans d'excellentes conditions, elle échoua complétement; il fallut qu'elle attendît, pour rentrer en action, que le feu de 220 canons eût ébranlé les lignes françaises et que les Saxons eussent dirigé contre ces lignes une puissante attaque de flanc. Or, les attaques de ce genre sont interdites à l'armée bloquée, puisque la ligne d'investissement est concave et qu'elle n'a ni aile droite ni aile gauche. Nous supposons naturellement que cette ligne est occupée par des forces *suffisantes* (plus loin nous déterminerons le rapport qui doit exister entre l'effectif de l'armée de blocus et celui de l'armée bloquée); si le cordon d'investissement était trop dégarni ou si le général commandant les troupes de la défense avait les brillantes qualités d'un Bonaparte, tandis que le chef de l'armée d'investissement aurait tous les défauts d'un Mack ou d'un Wurmser, les choses se passeraient sans doute autrement; mais ce n'est pas sur de pareilles hypothèses qu'on peut établir une théorie rationnelle de l'investissement des places à camps retranchés.

La raison pour laquelle les troupes bloquées se trouvent dans de mauvaises conditions lorsqu'elles attaquent, c'est que leurs colonnes doivent s'avancer et se déployer sous le feu concentrique de l'artillerie ennemie; que les lignes déployées peuvent être prises d'écharpe et d'enfilade par une partie de cette artillerie, et que les renforts expédiés par les corps voisins à la portion de ligne attaquée débordent les troupes assaillantes et agissent par des feux d'écharpe contre leurs ailes.

Ces circonstances, toutefois, ne produisent tout leur effet qu'à partir du moment où les lignes d'investissement sont assez fortes pour opposer une longue résistance aux troupes de sortie.

L'auteur du livre intitulé : *Metz, campagnes et négociations*, combat cette opinion (*voir* l'annexe III), mais par des arguments qui nous semblent inadmissibles, parce qu'il ne tient compte ni de la grande puissance défensive d'une ligne de blocus fortement retranchée, ni de l'impossibilité où se trouvent les sorties de déborder les flancs de l'ennemi quand la zone d'investissement est occupée par des forces suffisantes, réparties comme elles doivent l'être.

Les grandes sorties exécutées à Paris, le 30 novembre sur la Marne, le 21 décembre contre le Bourget et Stains, et le 19 janvier contre les lignes de Saint-Cloud à Buzenval prouvent combien sont redoutables, pour des troupes agissant à découvert, une infanterie protégée par des tranchées-abris et des batteries à demi enterrées, abritées par des épaulements. Attaquer dans de pareilles conditions en plein jour est presque une folie ; or, quel général oserait risquer une attaque de nuit dans l'inextricable réseau de tranchées, de redoutes et d'abatis que forment les lignes d'investissement (1)?

Les conclusions que l'on a tirées, à ce point de vue, des

(1) Les Français firent quelques attaques de ce genre, notamment celles du 13 au 14 et du 14 au 15 novembre contre les fronts occupés par le corps de la

blocus de Metz et de Paris ont, du reste, confirmé entièrement celles qu'avaient formulées les généraux américains après la longue et remarquable guerre de la sécession. Ainsi, le général Barnard, dans son *Rapport sur les défenses de Washington,* publié en 1871, dit : « Si l'on examine les » travaux de défense de Richmond ou ceux de Petersbourg, on pourra se convaincre d'un fait très-important » et que corrobore d'ailleurs toute notre guerre, à savoir : » *qu'une simple tranchée défendue par deux rangs de* » *fantassins constitue, dans certaines conditions faciles à* » *remplir, un obstacle à peu près inattaquable de vive* » *force.* »

Le précepte le plus certain qui découle des mémorables blocus de Metz et de Paris, c'est que l'armée bloquée doit, pour avoir quelque chance de battre l'armée de blocus, commencer les opérations offensives aussitôt que l'ennemi cesse d'être concentré et commence à s'étendre sur le pourtour de la place.

Lorsque l'assiégeant est protégé par des lignes retranchées, les sorties deviennent beaucoup plus difficiles et ne peuvent même réussir qu'à la condition d'être combinées avec l'attaque d'une ou de plusieurs armées de secours. C'est pénétré de cette vérité que le général Trochu disait, au

garde et le XIIe corps (Saxons). Ces attaques confirmèrent le général Trochu dans l'opinion qu'avec les troupes dont il disposait, on ne pouvait pas s'engager dans des combats de nuit.

début du siége (1) : « La défense de Paris sans armée de » secours est une *héroïque folie,* qu'il faut faire pour sauver l'honneur. » Le même général, sollicité de percer les lignes du blocus, demanda avec raison au conseil, dans la séance du 6 décembre, que l'on rentrât « dans la *tactique* » *raisonnable,* qui consiste à frapper sans cesse l'ennemi, » tantôt d'un côté, tantôt de l'autre ».

C'est, en effet, tout ce qui reste à faire *lorsque le blocus est complet* et qu'on n'a plus de secours à attendre.

Pour appliquer cette *tactique raisonnable* dans les meilleures conditions, il convient de réduire, autant que possible, le temps qui doit s'écouler entre la concentration des troupes de sortie et le commencement de l'attaque. On atteindra ce but en établissant l'armée mobile de la défense à proximité de la ligne des forts, soit dans des cantonnements, soit dans des camps baraqués, soit dans des huttes protégées contre les batteries ennemies par des masques en terre (2).

Les sites couverts et accidentés offrent, sous ce rapport, plus de ressources que les autres, parce qu'ils permettent d'établir les troupes dans des ravins ou des plis de terrain, près des forts.

Quand cette circonstance ne se présentera pas, on con-

(1) *Voir* le rapport de M. Chaper sur les procés-verbaux du gouvernement de la défense nationale.

(2) Ce dernier moyen est préférable aux deux autres, parce qu'il permet de loger les troupes à moins d'une portée de canon des batteries de l'attaque.

struira dans les intervalles et en arrière des forts (à 1,000 mètres environ) de hautes traverses pour couvrir les baraques d'une partie des troupes mobiles (1). L'autre partie occupera des villages ou des camps d'où elle puisse facilement se porter en avant, sans être vue par les guetteurs ou les avant-postes de l'ennemi.

Lorsque le terrain est plat et découvert, on fera bien de créer à l'intérieur du camp retranché des rideaux de broussailles ou des bois, pour cacher les troupes et masquer les opérations préparatoires de la défense.

(1) *Voir* planche XX, fig. I, de l'atlas de notre *Fortification à fossés secs*. Bruxelles, 1872.

CHAPITRE III

OPÉRATIONS ET TRAVAUX QUE COMPORTE L'INVESTISSEMENT D'UNE PLACE A CAMP RETRANCHÉ.

I

Jusqu'ici, aucun écrivain militaire n'a traité cette question. Le premier qui ait formulé quelques préceptes généraux sur le blocus des camps retranchés est le capitaine du génie Goetze, professeur à l'Académie de guerre de Berlin. Cet officier qui, en 1870, faisait partie de l'armée du prince Frédéric-Charles, a publié un excellent ouvrage sur les opérations du corps du génie allemand pendant la dernière guerre (1). Après avoir décrit les travaux d'investissement

(1) *Feldzug 1870-1871. Die Thätigkeit der deutschen Ingénieure,* etc. Berlin, 1873.

de Metz, il fait connaître les principes d'après lesquels ces travaux ont été exécutés (*voir* l'annexe IV). Nous pousserons plus loin les recherches dans cette voie, en nous inspirant de ce qui a été fait devant Metz et devant Paris et en soumettant à une analyse raisonnée les préceptes que nous ont suggérés cette étude pratique et nos propres idées sur la matière (1).

Le moment le plus critique pour l'armée de blocus est le début de l'opération, c'est-à-dire l'instant où les colonnes se séparent et font une marche de flanc pour s'étendre autour de la place. Une attaque faite alors avec à-propos et vigueur a bien plus de chances de succès qu'une attaque entreprise lorsque les corps sont établis dans leurs lignes.

A Metz, la 2e armée, le VIIe et le VIIIe corps passèrent sur la rive gauche de la Moselle pour couper à l'armée du Rhin la route de Briey, sa dernière ligne de retraite. Cette tâche fut accomplie à Gravelotte, le 18 août. En ce moment, il n'y avait sur la rive droite que les troupes prussiennes du Ier corps et de la 3e division de cavalerie, chargées de protéger le chemin de fer de Courcelles à Sarrebrück. Ainsi, dès le 18 au soir le cercle de blocus était fermé sur les points les plus importants. « Faible encore en beaucoup » d'endroits, et notamment du côté de l'est, il pouvait » cependant être considéré comme suffisant contre une

(1) Nos premiers travaux sur cette question datent de 1863. *Voir*, entre autres, le t. Ier, p. 180, des *Études sur la défense des États*, etc.

» armée qui venait de perdre 3 batailles et qui avait besoin
» de quelques jours au moins pour se refaire (1). »

Dès le 20, les travaux de blocus furent entamés sur toute la ligne.

A Paris, les opérations de l'investissement commencèrent le 17 septembre et finirent le 19.

Ces opérations furent exécutées dans des conditions exceptionnelles, qui ne permettent pas d'en tirer une règle pour l'investissement des camps retranchés placés dans des conditions ordinaires.

Les Prussiens savaient, en effet, que les troupes de ligne de la garnison de Paris n'étaient pas assez nombreuses ni assez fortes, moralement, pour se mesurer avec eux en rase campagne, dès le début de l'investissement (2); quant aux mobiles et aux gardes nationaux, ils ne croyaient pas devoir s'en préoccuper.

En conséquence, il fut décidé, dans une conférence tenue au grand quartier général, le 14 septembre, que l'armée de la Meuse et la 3e armée, fortes de 122,661 fantassins et de 24,325 cavaliers, manœuvreraient de façon à se présenter, le 19, sur tous les points de la ligne d'investissement et à bloquer Paris dès ce jour.

(1) Goetze, t. Ier, p. 89. Le combat de Noisseville, livré le 31 août, montra aux Prussiens que le moral des troupes de Metz avait beaucoup baissé depuis les combats des 14, 16 et 18 août.

(2) Le combat de Châtillon ou du Petit-Bicêtre, livré le 19 septembre, leur prouva qu'ils avaient bien jugé ces troupes.

Les emplacements, à la date du 17, étaient les suivants :

Armée de la Meuse (1).

6e Division de cavalerie. .	à Beaumont.
5e id. .	à Mousoult.
IVe Corps	à Nanteuil.
Garde	à Arcy-en-Multien.
XIIe Corps.	à Lisy-sur-Ourcq.
Quartier général	à Crouy.

IIIe Armée.

2e Division de cavalerie. .	à Ris, Juvisy, Villeneuve.
Ve Corps	à Villeneuve-St-Georges.
IIe Corps bavarois . . .	à Corbeil et Ris.
VIe Corps	à Roissy et Ozouer-la-Ferrières.
Quartier général	à Chaumes.

Emplacements à la date du 18 :

Armée de la Meuse.

6e Division de cavalerie . .	à Poissy.
5e id. . .	à Pontoise.

(1) Ces renseignements sont empruntés aux *Opérations des armées allemandes depuis la bataille de Sedan*, par le major W. Blume.

IVe Corps	à Menil-Amelot.
Garde	à Thieux.
XIIe Corps	à Claye.
Quartier général. . . .	à Saint-Souplet.

IIIe Armée.

2e Division de cavalerie. .	à Saclay.
Ve Corps	à Palaiseau et Bièvre.
IIe Corps bavarois	à Lonjumeau et Montlhéry.
VIe Corps	à Villeneuve-St-Georges et Brunoy.
Quartier général	à St-Germain-lès-Corbeil.

La division wurtembergeoise, qui était encore en arrière, arriva le 18 à Lagny et à Meaux. Le Ier corps bavarois n'atteignit Montlhéry (par Corbeil) que le 22 ; à la même date, le XIe corps gagna Boissy-Saint-Léger, en passant par Meaux. La 4e division de cavalerie avait franchi la Seine à Fontainebleau, le 17, et s'était portée vers la Loire pour éclairer le pays dans cette direction.

Il est évident que ce mouvement en éventail eût présenté de graves dangers s'il y avait eu à Paris une bonne armée commandée par un général entreprenant.

On peut affirmer aussi que, dans ce cas, l'intelligent et prudent état-major prussien aurait pris d'autres dispositions.

Selon nous, l'investissement d'un camp retranché, bien occupé et bien commandé, doit se faire successivement et non simultanément, afin que les corps, en cas d'attaque, soient en position de se soutenir promptement.

Cette manière d'opérer offre plus de garanties, mais elle augmente les difficultés du service des étapes et exige l'établissement préalable de grands dépôts de vivres, les ressources locales ne pouvant plus suffire alors aux premiers besoins, à cause de la forte concentration des troupes.

Pour les cas ordinaires d'investissement, nous proposerons les mesures et les préceptes suivants :

1

On fera occuper d'abord, par 2 corps, les secteurs les plus rapprochés de la ligne d'opérations et on tiendra les autres corps en réserve jusqu'à ce que la ligne d'avant-postes de ces secteurs soit assez forte pour arrêter quelque temps l'ennemi. On prendra possession ensuite des 2 secteurs contigus et on portera les réserves de ce côté. En procédant ainsi, jusqu'à ce que le cercle soit entièrement fermé, on protégera les mouvements de flanc des derniers corps par les lignes d'obstacles des premiers. La seule règle que l'on puisse donner à cet égard est de diviser les troupes et de diriger les colonnes de manière à pouvoir opposer à la défense un effectif supérieur au sien dans le cas où il attaquerait le centre ou l'une des ailes de la ligne avant la fin de l'investissement.

Si, dans les premiers temps, on ne pouvait pas, faute de

troupes, fermer complétement le cercle d'investissement (1), on ferait observer les secteurs non occupés ou insuffisamment gardés, par des corps mobiles, qui détruiraient toutes les routes favorables à la défense, en même temps qu'ils jetteraient les ponts et rétabliraient les communications nécessaires à l'attaque.

Il n'y a pas le moindre inconvénient à procéder avec cette sage lenteur, par la raison que, dans les premiers temps, l'assiégé ne peut avoir pour but que de détruire en détail l'armée ennemie en attaquant les secteurs les plus mal défendus. Il est évident, en effet, que s'il avait intérêt à marcher vers une armée de secours, soit pour porter la guerre ailleurs, soit pour opérer avec cette armée contre l'armée de blocus, il n'attendrait pas que cette dernière fût établie partiellement dans ses lignes; il partirait avant l'arrivée des premières colonnes ennemies devant la place ou il s'échapperait, au début de l'investissement, par la zone encore non occupée.

2

L'étendue du secteur assigné à chaque corps d'armée dépend de la nature du terrain, de la situation du secteur par rapport aux lignes d'opérations de l'attaque et de l'emplacement des armées de secours.

On ne peut donner d'autre précepte à cet égard que

(1) Ce cas s'est présenté devant Paris.

celui-ci : étendre le cordon dans les parties accidentées et boisées et le resserrer dans les parties unies et découvertes, ainsi que dans celles que l'ennemi a le plus d'intérêt à attaquer, pour forcer la ligne de blocus.

Conformément à ce précepte, les Allemands établirent seulement une brigade de cavalerie au nord-ouest de Paris (entre Argenteuil et Saint-Germain, sur une étendue de 12 kilomètres) et amincirent leur ligne au nord, à mesure que le danger augmentait au sud.

Sur la rive gauche de la Seine, la ligne d'investissement comptait 2 hommes, par mètre courant, dans les terrains boisés, entre Sèvres et Bougival (défendus par le Ve corps) et 3 1/2 hommes dans les terrains découverts, entre l'Hay et la Seine (occupés par le VIe corps).

La ligne totale avait 83 kilomètres de développement. Elle fut occupée dans le principe par 147,000 hommes, ce qui donnait, en moyenne, 1 7/10 homme par mètre courant.

Le 21 octobre, il y avait 236,000 combattants, effectif qui eût permis de porter la force de la ligne à 2 8/10 hommes par mètre courant si, à cette époque, l'armée d'investissement n'avait été obligée d'étendre sa zone d'occupation au sud jusqu'à la Loire, à l'ouest jusqu'à l'Eure, au nord jusqu'à la ligne Vernon, Gournay, Breteuil, Mont-Didier et Soissons, pour défendre le terrain contre la masse croissante des ennemis, en attendant que la capitulation de Metz permît à l'armée du prince Frédéric-Charles de couvrir le blocus de Paris contre toute tentative de secours.

A Metz, les lignes d'investissement, vers le milieu du mois d'octobre, étaient occupées comme l'indique le tableau suivant :

CORPS.		LIGNE D'AVANT-POSTES. — (Étendue en kilomèt.)	LIGNE DE DÉFENSE. — (Étendue en kilomèt.)
1er corps.	25 bataillons. . . / 8 escadrons. . .	3 3/4	4
7e id.	25 bataillons. . . / 8 escadrons. . .	4	4
8e id.	25 bataillons. . . / 8 escadrons. . .	7	7
2e id.	25 bataillons. . . / 8 escadrons. . .	7	7 1/2
9e id.	23 bataillons. . . / 12 escadrons. . .	4	4 1/2
3e id.	25 bataillons. . . / 8 escadrons. . .	6	4
10e corps et 3e division de réserve	38 bataillons. . . / 16 escadrons. . .	8 1/2	8 1/2
	TOTAL. . .	40 1/4	39 1/2

Force totale de l'armée d'investissement : 186 bataillons, 96 escadrons, 692 bouches à feu, dont 50 de siége, et 23 compagnies de pionniers.

L'effectif moyen des corps, à cette date, étant de 23,000 hommes, il résulte du tableau précédent que, dans les parties les plus accidentées et les plus menacées, la ligne d'investissement comptait 6 hommes par mètre courant et, dans les parties les plus découvertes et les moins menacées, 3 3/10.

Cette différence entre Metz et Paris s'explique par l'effectif et la qualité des troupes qui défendaient les deux positions (1).

A Metz, les sorties, dans les premiers jours, auraient pu se faire avec 125,000 hommes de bonnes troupes, tandis qu'à Paris il n'y avait que 85,000 hommes en état d'affronter l'ennemi, et plus du tiers de cet effectif était composé de très-jeunes soldats.

En supposant que les corps de l'armée d'investissement aient, en moyenne, 30,000 combattants, on peut, dans les cas ordinaires (c'est-à-dire lorsque les troupes de la défense valent à peu près celles de l'attaque), assigner un secteur de 5,000 mètres de largeur aux corps les plus exposés, occupant un terrain uni et découvert, et un secteur de 10,000 mètres de largeur aux corps les moins menacés, occupant un terrain accidenté et boisé.

Dans le premier cas, il y aura 6 hommes par mètre courant, et dans le second 3 hommes.

Les secteurs exposés étant généralement moins nombreux

(1) A Metz, la ligne d'investissement avait 9 à 10 lieues d'étendue, à Paris, 17 à 18 lieues.

que les autres, on peut estimer la force moyenne du cordon d'investissement à 4 hommes par mètre courant (un peu plus de la moitié (1) de celle d'une ligne de bataille ordinaire).

3

Quant à la manière d'occuper les secteurs, il y a eu divergence de vues dans les armées allemandes, devant Metz comme devant Paris. En effet, la répartition des troupes ayant été laissée à l'appréciation des commandants de corps, quelques-uns avaient accolé les divisions, d'autres les avaient superposées.

Les premiers avaient partagé leur secteur en 2 sections et confié la défense de chaque section à une division mixte. La direction du combat appartenait aux lieutenants généraux, qui disposaient, à cet effet, des *réserves spéciales*. Une brigade de chaque division était de service aux avant-postes, l'autre faisait partie de la *réserve générale*. Pour donner aux troupes l'occasion d'étudier tout le terrain dont se composait le secteur, on faisait, dans certains corps, permuter entre elles les divisions après un mois ou 6 semaines d'occupation (2).

Dans d'autres corps, la défense des lignes était confiée

(1) Autrefois, on comptait 10 à 12 hommes par mètre courant de position ou de ligne de bataille; depuis l'introduction des canons rayés dans le matériel de campagne, cette proportion est descendue à 6 ou 7 hommes par mètre courant.

(2) Fait affirmé par le capitaine von Boguslawski, du Ve corps.

à une division entière; la seconde division faisait alors partie de la réserve générale.

Nous ne croyons pas qu'il faille adopter exclusivement ni l'une ni l'autre de ces dispositions.

Lorsque le secteur est très-large, il vaut mieux accoler les divisions, parce qu'il serait difficile à un seul chef d'embrasser tout le terrain des avant-postes et de donner une direction unique aux troupes qui l'occupent.

Dans le cas contraire, lorsque le secteur n'a que 5 à 6 kilomètres d'étendue, il vaut mieux placer les divisions l'une derrière l'autre, afin d'avoir comme réserve une division entière, au lieu de 2 brigades appartenant à des divisions différentes, et afin aussi qu'on n'ait pas à faire permuter tous les mois les divisions de droite avec celles de gauche, pour leur apprendre à connaître le terrain du secteur entier.

Supposons qu'on adopte cette dernière répartition dans le plus grand nombre des cas, et déterminons en conséquence les règles et les principes à observer dans l'investissement.

4

« Il faut d'abord, dit le capitaine Goetze, indiquer à chaque
» commandant de corps la portion de la ligne d'investisse-
» ment qu'il doit occuper et défendre; lui laisser toute la
» responsabilité des mesures à prendre et restreindre le
» moins possible son initiative; former pour chaque portion
» un état-major de l'artillerie et du génie (fonctionnant

» pendant toute la durée de l'investissement) qui arrête, » après entente avec le commandant du corps, les travaux » nécessaires, les fasse exécuter sous la direction des » troupes techniques (artillerie, génie, pontonniers) et » tienne constamment au courant de ses opérations le com- » mandant du génie de l'armée.

« On doit éviter, autant que possible, de changer les » troupes destinées à défendre une position déterminée. » S'il faut renforcer un point de la ligne, il convient de le » faire non en déplaçant tout le cordon d'investissement, » mais en augmentant l'effectif des troupes qui s'y trouvent » ou en doublant les réserves.

« Les troupes travaillent avec plus d'ardeur aux retran- » chements qu'elles sont appelées à défendre et apportent » plus de soins à la construction des abris qui leur sont » destinés. »

Ces préceptes sont excellents. A Paris comme à Metz, on a reconnu, en effet, que les secteurs les mieux défendus étaient ceux dont les troupes n'avaient pas été fréquemment relevées (1).

5

Aussitôt que le terrain aura été reconnu et l'emplacement des avant-postes déterminé, on établira un cordon de sentinelles et de grand'gardes au delà de cet emplacement, pour protéger les travailleurs chargés d'organiser la première

(1) Goetze, t. II, p. 229.

ligne d'obstacles (d'après les indications qui seront données plus loin). Ce cordon sera divisé en 2 *ailes* et chaque aile confiée à une brigade. 3 bataillons de chaque brigade fourniront les sentinelles et les grand'gardes (1); les 3 autres feront partie de la *réserve spéciale*, que l'on complétera par un escadron (2) et une batterie divisionnaire. Généralement, cette réserve spéciale sera divisée en 2 parties, qui se tiendront au centre de chaque aile, derrière les grand'gardes, de préférence aux croisements des routes. On les déplacera de temps en temps, pour que l'ennemi ignore où elles se trouvent.

La 2e division, ce qui reste de la cavalerie et de l'artillerie divisionnaire et l'artillerie de corps formeront la *réserve générale*. Cette réserve fournira 3 bataillons de travailleurs, qui exécuteront le plus rapidement possible les travaux de la première ligne d'obstacles (3); elle bivaquera sur un

(1) Il serait préférable d'appeler les *sentinelles des tirailleurs* et les *grand'gardes, des soutiens de tirailleurs*.

Supposons que le secteur ait 7,200 mètres de largeur. Chacun des 6 bataillons occupera donc un espace de 1,200 mètres. La force du bataillon étant de 800 hommes, déduction faite des patrouilleurs, des ouvriers spéciaux et des non-valeurs, les avant-postes du bataillon seront composés de la manière suivante : un cordon de grand'gardes comprenant 12 postes ou pelotons de 66 hommes (on suppose la compagnie divisée en 3 pelotons), et un cordon de sentinelles comprenant le tiers de l'effectif des grand'gardes, soit 12 × 22 ou 264 hommes. Réparties sur un espace de 1,200 mètres, ces sentinelles se trouveront, par conséquent, à 4m54 l'une de l'autre.

(2) Cet escadron surveille les routes, fournit les estafettes et les plantons.

(3) Ces bataillons, en cas de besoin, déposeront la pelle et se porteront au secours des avant-postes.

terrain favorable et sera généralement divisée en 2 parties, dont l'une s'établira derrière l'aile droite, l'autre derrière l'aile gauche de la 1re division.

Sur les zones découvertes et unies, les travaux de défense seront souvent entravés pendant le jour. C'est donc surtout la nuit qu'il faudra les pousser avec une grande activité.

6

Les tracés seront faits par les officiers du génie et exécutés sous leur direction, conformément aux plans arrêtés par le commandant du corps et aux instructions générales données par le chef de l'armée de blocus (1).

(1) Les instructions générales données par les commandants des armées devant Metz et devant Paris ne furent pas assez complètes ni assez précises. Cela tenait à ce que l'on voulut laisser aux commandants des corps une latitude qui stimulât leur zèle et engageât leur responsabilité. Peut-être a-t-on poussé trop loin ce souci. Il est certain que, sur plusieurs points des lignes d'investissement, il y avait des lacunes ou des dispositions morcelées, qui ne répondaient pas à l'importance et au but de ces lignes.

Voici les instructions qui furent données devant Metz, pour l'exécution des travaux d'investissement sur la rive droite de la Moselle :

« 1° On n'aura recours aux ouvrages fermés que dans des cas très-particuliers, car ils lient la défense à des points isolés du terrain, sans offrir, en somme, plus d'abri contre les feux de l'artillerie, qui naturellement se concentrent sur eux, que les tranchées et les épaulements de campagne, soit pour flanquer ces tranchées, soit pour battre au loin le terrain et surtout les routes importantes;

» 2° Les vallées qui coupent la ligne et les routes qui se dirigent vers Metz seront barrées par des abatis aussi serrés que faire se pourra ;

On emploiera aux travaux les plus importants et les plus difficiles les compagnies du génie, attachées, au nombre de 4, à chaque corps d'armée. Ces travaux sont : la mise en état de défense des maisons et des parcs; la construction : d'abris et de baraques pour loger les grand'gardes et les réserves; de tambours ou de blockhaus pour flanquer certains enclos; de blindages et de traverses creuses pour protéger les défenseurs des flèches, des lunettes et des redoutes; de ponts, de barrières, de barricades, de barrages, de réseaux de fils de fer, de fougasses, etc... Comme, généralement, les troupes spéciales n'auront pas un effectif suffisant pour exécuter ces travaux, on les renforcera en organisant dans chaque brigade une compagnie de maçons et de charpentiers, qui sera dispensée de tout service de garde et de patrouille.

7

Lorsque la première ligne d'obstacles sera ébauchée, les

» 3° Les lisières de bois dont la direction est parallèle à celle de la ligne » seront garnies d'abatis et rendues infranchissables ;

» 4° Quand la ligne coupera une forêt, on pratiquera des percées, dont on » portera successivement la largeur à 50 et même à 100 pas. On garnira » les lisières d'abatis assez serrés pour les rendre impénétrables même à des » tirailleurs isolés ;

» 5° On s'attachera surtout à bien relier les différentes positions ; ainsi, » dans les terrains boisés, partout où les routes manqueront, aussi bien en » arrière des lignes que dans le sens de leur direction, on créera immédiatement des communications, que l'on améliorera et que l'on augmentera » successivement. »

avant-postes s'y établiront et l'on commencera aussitôt à creuser des tranchées, en partie couvertes, pour soustraire les grand'gardes aux feux de la place.

Les réserves spéciales, après cette période, continueront à bivaquer jusqu'à ce qu'on ait construit pour elles des baraques ou des abris. On pourra aussi, lorsque le pays est très-habité, les mettre à couvert dans des fermes, des châteaux ou des villages, en prenant les précautions nécessaires pour qu'au premier signal les troupes soient immédiatement sur pied (1).

La réserve générale sera campée ou établie dans des cantonnements serrés. En cas d'alerte, elle se portera sur une ou, plus généralement, sur 2 places d'alarme, communiquant entre elles par de bonnes routes. Ces places seront choisies de manière à pouvoir de là diriger promptement des troupes sur les points menacés et y recueillir facilement les avant-postes refoulés.

La réserve générale du Ve corps prussien, chargé de défendre le secteur compris entre Bougival et Saint-Cloud, occupait, en partie, Versailles et, en partie, Le Chesnay, Rocquencourt, les Gressets et Louveciennes, communes situées au nord de Versailles. Elle avait pour place d'alarme

(1) Les soldats se coucheront habillés et près de leurs armes, dans des chambres sur le plancher desquelles on étendra de la paille et dont on brisera les carreaux pour que l'air se renouvelle promptement. De cette manière, on pourra loger une compagnie dans une petite ferme et une division dans un village de grandeur ordinaire.

le plateau de Jardy et un terrain découvert près de Beauregard.

8

La première précaution à prendre, lorsqu'on s'établit dans un secteur, est de faire déguerpir les habitants, pour rendre disponibles leurs maisons et surtout pour empêcher que l'espionnage ne révèle à l'ennemi les préparatifs de l'attaque (1).

Il importe également de tendre, dans le plus bref délai, les inondations qui peuvent faciliter l'investissement (comme par exemple celles de la Morée, en avant de Saint-Denis) de saigner, s'il y a moyen de le faire, les inondations exclusivement utiles à la défense, et de détourner les canaux ou les ruisseaux qui fournissent de l'eau potable à la ville.

9

Devant Metz et devant Paris, les brigades ou les divisions de service aux avant-postes étaient relevées dans certains corps tous les 8 jours, dans d'autres tous les 12 ou 14 jours.

(1) A Paris, cette mesure fut prise seulement le 11 octobre.

Voir les *Opérations du Ve corps prussien dans la guerre contre la France*, par le capitaine d'état-major Stieler von Heydekampf, p. 182 de la traduction française.

Les bataillons de travailleurs étaient relevés tous les 2, 3 ou 4 jours.

Si l'on adopte, comme dans le Ve corps, la durée de 12 jours pour les avant-postes et de 4 jours pour les travaux, on arrive à ce résultat que, sur 24 jours, les bataillons ont 16 jours de service et 8 jours de repos absolu.

Une durée de 8 jours pour les avant-postes et de 2 jours pour les travaux donne, sur 16 jours, 10 jours de service et 6 jours de repos.

Cette dernière répartition du temps nous semble préférable, parce qu'elle impose moins de fatigues aux troupes. Il faudra même diminuer encore la durée du service des avant-postes lorsque la défense sera plus active qu'elle n'a été à Paris et à Metz, où souvent les troupes de garde restèrent plusieurs jours sans être attaquées ni même inquiétées.

Les grand'gardes seront relevées tous les jours, et cette opération se fera de préférence le matin, avant le lever du soleil.

Les sentinelles seront relevées toutes les 2 heures; on pourra cependant ne les relever que toutes les 4 heures sur les points où cette opération offre des dangers par suite de la vivacité du tir de l'ennemi (1).

(1) A Paris, il y eut des points où les soldats demandèrent à rester 4 heures en faction pour attirer moins souvent sur eux le feu de l'ennemi (fait cité par le capitaine Stieler).

6

Pendant la nuit et principalement une heure avant le relèvement des grand'gardes, des patrouilles d'officier d'au moins 20 hommes parcourront le terrain en tout sens, au delà des avant-postes, pour s'assurer si l'ennemi ne prépare pas quelque attaque ou surprise (1).

Le capitaine Stieler von Heydekampf nous apprend que, dans le Ve corps, chaque bataillon avait une compagnie de patrouilleurs composée de 1 officier, 8 sous-officiers et 60 soldats, choisis parmi les plus intelligents et les plus déterminés ; cette compagnie était dispensée du service ordinaire des avant-postes ; elle avait surtout pour mission de faire les patrouilles de nuit. Connaissant parfaitement le terrain, elle acquit, à la fin, tant de hardiesse et d'habileté que parfois elle s'avançait jusqu'à la ligne des batteries et des contre-approches françaises.

Nous croyons qu'il y a lieu de généraliser cette pratique, le service des patrouilles exigeant des qualités et des aptitudes particulières.

Il convient aussi qu'il y ait, par corps d'armée, un commandant des avant-postes (2).

(1) C'est, en effet, pendant la nuit que les Français faisaient leurs concentrations de forces, afin de pouvoir commencer l'attaque de grand matin (les jours étaient trop courts pour qu'il fût prudent d'attaquer plus tard).

(2) Lorsque le secteur est partagé en 2 sections, il doit y avoir un commandant des avant-postes pour chaque section (ou division).

Le règlement français sur le service des armées en campagne n'admet pas qu'il y ait un commandant des avant-postes. D'après ce règlement, le

Pendant que les patrouilles du matin explorent le terrain extérieur, les *réserves spéciales* sont sous les armes.

Lorsqu'une sortie paraît imminente, les *réserves générales* vont occuper les places d'alarme ; toutefois, ces réserves, sauf dans les cas d'extrême urgence, restent à la disposition exclusive des commandants de corps, qui seuls peuvent les mettre en alerte.

10

Les troupes doivent apprendre à bien connaître les chemins qui conduisent à leurs positions de combat et aux places d'alarme.

Ces chemins et les ponts carrossables étant presque toujours en nombre insuffisant, l'assiégeant aura soin d'ouvrir des voies nouvelles pour les colonnes et les voitures. Il chargera de ce travail des détachements spéciaux, pour ne pas ralentir l'exécution de la première ligne d'obstacles. Les ponts sur les cours d'eau importants devront être protégés par des têtes de pont.

Si l'on prévoit que le blocus durera longtemps ou si l'on a l'intention d'attaquer pied à pied une partie du camp retranché, on doit chercher, pour faciliter les transports du matériel, des munitions, etc., à créer un chemin de fer

service de sûreté se fait par brigade. Les Allemands ont trouvé, avec raison, que ce mode n'offre pas assez de garanties, surtout quand on l'applique à de grandes armées.

de ceinture ou, tout au moins, une ligne aboutissant au secteur choisi comme zone d'attaque.

11

La première ligne d'investissement sera composée d'avant-postes retranchés, auxquels on donnera le degré de force nécessaire pour qu'ils puissent repousser de faibles détachements.

Cette ligne, lorsqu'elle sera attaquée par une grande sortie, obligera les colonnes ennemies à se déployer et leur fera perdre assez de temps pour que les grand'gardes (soutiens) et les réserves spéciales puissent venir au secours des sentinelles (tirailleurs).

Elle se composera de tranchées-abris (1), d'abatis, de réseaux de fils de fer, de clôtures en bois ou en maçonneries, de maisons crénelées et de batteries de 2 à 6 pièces.

Lorsque la ligne doit traverser une forêt, on perce dans celle-ci une trouée de 30 à 60 mètres de largeur et on garnit la lisière, au delà de la trouée, d'abatis assez serrés pour la rendre impénétrable même à des tirailleurs isolés.

Les emplacements des tranchées-abris doivent être choisis de manière que le terrain en avant soit efficacement battu par la mousqueterie. Les espaces morts se trouveront

(1) Ces tranchées constituent la meilleure protection contre la mousqueterie et la mitraille et celle qu'il est le plus facile de créer.

plutôt loin des lignes que près; s'il est impossible de satisfaire à cette condition, on construira des parties saillantes ou des flèches, pour battre de feux flanquants les secteurs soustraits aux feux directs.

Les tranchées, devant, autant que faire se peut, être à l'abri des feux d'enfilade, seront tracées parallèlement au front du camp. Lorsqu'on sera obligé, par la nature du terrain, à s'écarter de ce principe, on creusera, sur le côté extérieur des boyaux enfilés par les forts ou les batteries, des bouts de tranchées dans lesquels se tiendront les hommes de garde. Ces bouts, de même que les grandes tranchées devant le front du corps d'armée, seront pourvus de passages avec gradins, pour permettre aux troupes qui les occupent de se porter rapidement en avant (1).

12

Les routes qui conduisent vers la place doivent rester libres (2), mais on établit des postes sur les côtés pour les battre en travers et des bouches à feu dans leur prolongement pour les battre d'enfilade.

(1) Ces passages toutefois ne seront nécessaires qu'à partir du moment où l'on aura approfondi les tranchées-abris.

(2) Devant Metz, on prescrivit (*voir* page 81, ligne 28) de barrer par des abatis serrés les routes se dirigeant vers la ville. Nous croyons que, dans bien des cas, cette prescription serait plus gênante qu'utile pour l'assiégeant. Mieux vaut défendre les routes sans les obstruer.

Les routes obstruées doivent avoir des barricades formées de 2 parties, afin que la circulation puisse se faire par le milieu. Les Prussiens n'ont pas toujours observé ce principe. Quelques-unes de leurs barricades étaient d'une seule pièce et l'on ne pouvait se porter au delà qu'en traversant les maisons auxquelles elles s'appuyaient, ce qui rendait la circulation difficile (1).

13

Les abatis et les bois coupés en sifflet opposent une très-grande résistance aux attaques, surtout quand on relie les troncs d'arbres ou les têtes des piquets par des fils de fer ; mais cette propriété ne dispense pas de l'obligation de construire des tranchées en arrière, pour couvrir les tirailleurs, puisque les abatis ne constituent pas une ligne de défense proprement dite. Les tranchées-abris ne doivent être ni trop éloignées ni trop rapprochées de l'abatis. Dans le premier cas, elles sont plus exposées au feu de l'assiégé et leurs défenseurs voient moins bien les assaillants au moment où ils franchissent l'obstacle ; dans le second cas, les défenseurs sont gênés par les branches ou commandés par les tirailleurs ennemis lorsque ceux-ci se tiennent debout sur les troncs d'arbre de l'abatis (2).

(1) Von Boguslawski.

(2) A Paris, il y avait des abatis renforcés par des trous de loup ; tel

Les abatis présentent surtout une grande résistance quand ils sont flanqués ; on s'attachera donc à leur procurer cet avantage par des lunettes ou des flèches protégées contre les attaques de vive force par des trous de loup, des fougasses, des réseaux de fils de fer ou des torpedos de campagne ; ces derniers détonnent sous la pression du pied de l'homme ; ils ont été employés avec succès pendant la guerre de la sécession.

14

On augmentera la force de la ligne en lui donnant pour points d'appui des enclos (1), des fermes, des maisons ou des parcs entourés de retranchements ; mais on évitera d'y intercaler des redoutes, de crainte que l'ennemi, après s'en être emparé, n'y établisse de l'artillerie pour canonner la seconde ligne de défense (2).

Ces ouvrages seraient, au contraire, d'une grande utilité

était celui qui reliait Cucufa au parc de la Malmaison, en avant et en arrière duquel on avait creusé 12 rangées de trous de loup.

(1) Les meilleurs enclos sont ceux qui se trouvent dans des parcs boisés. Il y en avait plusieurs de ce genre dans les lignes prussiennes devant Paris. L'ennemi ne peut pas les battre en brèche de loin et ils sont faciles à défendre lorsqu'on taille le bois en sifflet, sur 80 à 100 pas de largeur, en avant de l'obstacle.

(2) Le 19 janvier 1871, les Français, après avoir enlevé la redoute de Montretout, située en avant de la première ligne du Ve corps, y établirent 2 bataillons et de l'artillerie de campagne, pour plonger et enfiler une partie des travaux prussiens.

s'il n'y avait pas de seconde ligne et si l'on pouvait les rendre assez forts, par le choix des emplacements, la nature du profil ou l'importance des défenses accessoires, pour que leurs défenseurs eussent la certitude de s'y maintenir après qu'une partie de la ligne serait forcée. Alors, en effet, le feu de ces redoutes causerait un préjudice notable à l'assaillant, qui serait obligé de s'en emparer avant d'aller plus loin. Les redoutes deviendraient les nœuds de la lutte et leur résistance permettrait à la réserve générale d'arriver à temps pour repousser l'assaillant; c'est ainsi que la grande sortie faite à Paris le 19 janvier fut arrêtée après qu'elle eût emporté la redoute de Montretout, la hauteur de Garches et le parc de Buzenval, qui n'étaient que les postes avancés de la première ligne du Ve corps. La plus grande partie de l'action se déroula, ce jour-là, en avant de la position, laquelle ne fut entamée que sur deux points (Garches et la Bergerie).

Si la première ligne n'a pas de maisons ou de parcs pouvant être transformés en points d'appui, on y intercalera des flèches, des lunettes ou des blockhaus enterrés. Dans les lignes de Paris, il y avait quelques blockhaus de ce genre, qui ne s'élevaient qu'à 2 pieds au-dessus du sol, et offraient par conséquent peu de prise au feu de l'ennemi. Construits en arrière de la ligne, ces blockhaus seraient fort utiles pour abriter les grand'gardes.

15

Les défenses de la première ligne doivent être graduellement renforcées (1) et les grand'gardes mises à l'abri du mauvais temps dans des baraques, des gourbis ou des logements blindés. On crée facilement ces derniers en creusant des tranchées de 1 mètre 20 centimètres de profondeur (2) et en les mettant à l'abri des feux plongeants et des feux verticaux au moyen de plusieurs lits de corps d'arbres recouverts d'une couche de terre, de gazon ou de fumier.

L'expérience a prouvé, du reste, qu'il n'est pas absolument nécessaire de préserver de ces feux les soutiens et les réserves spéciales. Les tranchées-abris ont, en effet, si peu de largeur et offrent si peu de prise aux obus et aux bombes, qu'il faut un tir prolongé et une énorme consommation de munitions pour causer des pertes sensibles à leurs défenseurs.

16

La première ligne d'obstacles doit être assez rapprochée des forts pour qu'on puisse épier les mouvements et suivre les progrès des travaux de l'ennemi. Si on l'éloigne trop, la

(1) On approfondira peu à peu les tranchées-abris et on en interdira l'approche par des défenses accessoires.

(2) Ces abris ont une banquette pour permettre aux hommes de s'y asseoir.

zone d'investissement s'étend outre mesure et sa résistance s'affaiblit en proportion; si on la rapproche trop, on favorise les opérations de l'armée défensive, laquelle peut, dès lors, sans rien compromettre, diriger de fréquentes attaques contre les avant-postes et obtenir ainsi des succès qui relèveront son moral et affaibliront celui de l'attaque (1).

La distance moyenne la plus convenable nous semble être 2 1/2 kilomètres ; toutefois, on n'hésitera pas à la diminuer si le terrain l'exige, par exemple lorsque, à 1,200 ou 1,500 mètres, il se trouve des hauteurs sur lesquelles il importe d'établir les avant-postes pour bien découvrir la zone d'action des forts. Cette circonstance s'est présentée à Paris, devant les forts d'Issy, de Vanves et de Montrouge, où la première ligne prussienne ne se trouvait qu'à 1,000 ou 1,200 mètres des batteries françaises, parce qu'on avait dû intercaler dans cette ligne les hauteurs de Châtillon et de Sceaux. Elle ne se reproduira plus dans les nouveaux camps retranchés, dont les forts occuperont des emplacements qui leur permettront de battre le terrain à une distance d'au moins 3 kilomètres.

On établira des batteries pour pièces de campagne dans la première ligne lorsqu'elle présentera des emplacements très-favorables à l'action de l'artillerie ou lorsque, pour

(1) Il est aussi plus difficile, dans ce cas, pour l'assiégeant de reprendre des postes qu'il a été forcé d'abandonner.

les raisons que nous exposerons plus loin, on jugera inutile de créer une seconde ligne d'investissement. Dans ce dernier cas, on placera les batteries de préférence en arrière de la ligne des avant-postes, si le terrain s'y prête, afin qu'elles soient mieux protégées.

Les batteries pour pièces de campagne seront, en général, construites pour 6 pièces; jamais elles n'auront moins de 2 pièces. Quand rien ne s'y opposera, on espacera les épaulements (chaque pièce ayant le sien) de 15 mètres environ, pour diviser le feu de l'ennemi (1).

Les batteries prussiennes étaient établies sur le terrain naturel ou enterrées de 30 à 50 centimètres (2). On évitait de les élever au-dessus du sol, pour diminuer le travail et réduire la surface exposée aux projectiles.

Quelquefois, on les construisait derrière des haies ou des rideaux de broussailles, que l'on abattait au moment d'ouvrir le feu; mais cette précaution n'est vraiment utile que pour les batteries armées de pièces de siége, qui, exigeant un long travail, doivent être soustraites le mieux possible aux vues de l'ennemi.

Les batteries pour pièces de campagne seront protégées par des tranchées garnies de tirailleurs et par des défenses accessoires.

(1) Ce principe n'a pas toujours été appliqué devant Paris; dans quelques batteries, en effet, les pièces de campagne étaient plus rapprochées.

(2) Profondeur prise à l'intersection du talus intérieur avec le talus de terre-plein; ce dernier était incliné de 1/12 à 1/20.

Lorsqu'il n'y aura pas, à proximité, des plis de terrain ou des abris pour mettre à couvert les avant-trains, on construira en arrière des extrémités des batteries, des tranchées spéciales, qui en tiendront lieu (une batterie de 6 pièces exige une longueur de tranchée de 75 mètres).

17

» En arrière de la première ligne ou ligne des avant-
» postes, on créera, dit le capitaine Goetze, une deuxième
» ligne ou position de combat (*Gefechts Stellung*), préparée
» pour une résistance opiniâtre, et, quelquefois, en arrière
» de celle-ci, une position de retraite. »

Cette seconde ligne est-elle bien nécessaire?

Devant Paris et devant Metz, elle ne fut pas établie d'une manière générale. Certains corps n'en avaient que des bouts (villages, fermes, bois ou parcs retranchés); d'autres ne construisirent la seconde ligne que longtemps après l'investissement, par exemple le Ve corps, qui attendit le milieu du mois de novembre pour entamer cette ligne (1).

Nous sommes d'avis que l'on peut s'en passer lorsque le terrain sur lequel est établi la première ligne offre de grands avantages pour la défense et que cette ligne se trouve à plus de 3,000 mètres des forts; elle est, au contraire, indispensable dans les autres cas, surtout quand des raisons locales

(1) Stieler von Heydekampf.

obligent à diminuer beaucoup la distance entre la première ligne d'obstacles et le front du camp retranché.

En tout état de cause, pour ne pas surmener les troupes ou ralentir l'exécution de la première ligne de défense, il importe de n'entamer la seconde que lorsque l'autre est à peu près achevée.

Quant à la troisième ligne ou *position de retraite*, comme l'appelle le capitaine Goetze, elle n'est utile que lorsqu'on a une raison spéciale pour augmenter les difficultés de l'attaque sur certains points de la ligne d'investissement. Cette raison existait pour le Ve corps, qui avait à couvrir Versailles, quartier général de l'armée et résidence de l'empereur. Il construisit, en conséquence, une ligne supplémentaire, occupant les hauteurs au sud et à l'ouest de Ville-d'Avray et de Marnes. Cette ligne se composait de 4 grandes batteries, couvertes par des abatis de 100 pas de largeur, qui, à cause de la déclivité du terrain, ne gênaient pas le tir des pièces (1).

La deuxième ligne, ou position de combat, doit se trouver au delà de la portée efficace de l'artillerie de la défense (2). Cette limite peut être fixée actuellement à 4,000 mètres,

(1) Il y avait également quelques abatis dans les intervalles des batteries. La 3e ligne, comme la 1re, doit être très-simple.

(2) A propos du blocus de Paris, le capitaine Goetze fait observer que partout où la position de combat (deuxième ligne) fut construite à moins de 4,000-6,000 pas de la ligne des forts, on eut à constater les plus grands inconvénients (*grössten Uebelstände*).

de sorte que si la première ligne est, en moyenne, à 2,500 mètres des forts, la seconde se trouvera à 1,500 mètres de la première.

18

« Dans l'établissement de la position de combat, dit le » capitaine Goetze, on doit s'attacher aux points suivants : » battre aussi bien que possible le terrain en avant et sur- » tout les routes et les défilés par le feu rapproché de » l'infanterie; établir une nombreuse artillerie dans des » positions abritées, chaque pièce ayant son épaulement » séparé, de manière à diviser le feu de l'ennemi ; assurer » l'action des armes de jet aux grandes distances et, dans » ce but, s'attacher tout particulièrement à démasquer les » champs de tir; rendre les abords de la position aussi » difficiles que possible en recourant aux abatis et à » d'autres défenses accessoires; barrer les intervalles des » obstacles naturels ou artificiels par des tranchées-abris » en terrain découvert, par des abatis infranchissables en » terrain couvert; ouvrir des routes et jeter des ponts pour » faciliter les communications des corps entre eux ; laisser » des intervalles entre les ouvrages et des passages dans » les tranchées pour faciliter les retours offensifs ; relier » enfin les quartiers généraux entre eux par un réseau » télégraphique complet. »

Ces préceptes ne donnent lieu qu'à une seule observation :

les abatis ne doivent pas dispenser *dans tous les cas* de l'obligation de construire en arrière soit des tranchées, soit au moins des bouts de tranchées ; ils ne sont, en effet, qu'une *défense accessoire*, peu redoutable lorsque des feux directs ou des feux de flanc n'en disputent pas l'accès à l'ennemi.

La position de combat sera composée de la même manière que la ligne d'avant-postes, mais constituée plus fortement, pour qu'on puisse la défendre avec opiniâtreté. Elle comprendra, en conséquence, un certain nombre de postes à l'abri de l'attaque d'emblée, tels que villages, fermes, villas ou parcs retranchés et, à défaut de ces points, des redoutes ou des lunettes fermées à la gorge.

C'est, en général, dans la deuxième ligne que seront construits les épaulements nécessaires pour abriter une partie des batteries de la réserve. Lorsqu'il y aura des pièces de position, on les établira de préférence dans les redoutes ou dans les lunettes fermées à la gorge. Sur ce point, nous sommes en désaccord avec plusieurs militaires distingués (1), mais nous avons de bonnes raisons de croire

(1) A Paris, le commandant de l'armée de la Meuse défendit d'établir de l'artillerie de campagne dans les redoutes et les lunettes. A la 2e armée, de même que devant Metz, on permit de s'écarter de ce principe, mais exceptionnellement. Les redoutes construites par le VIe corps et par le Ier corps bavarois devant Paris étaient partiellement armées avec de l'artillerie de campagne ; celles qui occupaient le plateau de Villa-Coublay, pour la protection du parc de siége, avaient uniquement des pièces de position. Nous sommes d'avis que la défense d'établir de l'artillerie de campagne dans des

que notre opinion est mieux fondée que la leur. On ne saurait contester, en effet, que l'artillerie des redoutes ne soit à même de rendre de très-grands services à la défense ; si, par exemple, l'assaillant, après avoir forcé la deuxième ligne, se portait en avant sans se préoccuper de ces redoutes, il serait pris en flanc et à revers par leur artillerie et, vraisemblablement, obligé de battre en retraite dans de très-mauvaises conditions. Plutôt que de commettre cette faute, l'assaillant attendra, pour dépasser la première ligne, que tous les ouvrages armés de canons soient tombés en son pouvoir ; mais il perdra, de la sorte, beaucoup de temps et l'occasion favorable d'attaquer la position de combat avant que celle-ci ait été renforcée par les réserves des corps voisins.

Les redoutes doivent être pourvues de traverses et d'abris. Les meilleures sont celles qui n'ont besoin, pour leur défense, que d'une compagnie d'infanterie. Plus grandes, elles offrent trop de prise aux feux de l'assiégeant (1), exigent

ouvrages fermés est justifiée par la nécessité de ne pas immobiliser cette artillerie plus qu'il ne faut. Mieux vaut la placer dans des batteries ordinaires, à proximité desquelles se trouvent des abris ou des plis de terrain permettant de protéger les caissons et les avant-trains, toujours fort exposés dans les redoutes. (A défaut d'abris naturels, on construira des tranchées avec *épaulements pour avant-trains*, sur les côtés et un peu en arrière des batteries.)

(1) Parce qu'il est plus difficile de les défiler et de les bien appliquer au terrain et aussi parce que le tir plongeant y fait plus de ravages. Dans les redoutes à grand espace intérieur, la garnison n'est pas même à l'abri du feu des tirailleurs.

trop de travailleurs pour leur construction et trop de soldats pour leur défense.

Dans les batteries spéciales pour pièces légères de siége (1), on séparera les bouches à feu une à une ou 2 à 2 par des traverses blindées. Ces batteries seront protégées en avant par des tranchées-abris ou des défenses accessoires, et en arrière par des postes fortifiés dans lesquels les soutiens se mettront à couvert.

19

Quand la deuxième ligne est terminée, les défenseurs de la ligne des avant-postes ne doivent plus s'engager à fond avec l'ennemi; il suffit alors qu'ils arrêtent assez longtemps les colonnes assaillantes pour que les réserves puissent venir occuper la position de combat.

20

Afin de n'être point surpris et de recevoir en temps

(1) Ces batteries, plus puissantes que les batteries armées de pièces de campagne, seront fort utiles, mais non pas indispensables. Lorsque l'attaque a pour but unique de réduire la place par la famine, il n'est pas nécessaire de contre-battre l'artillerie de position de la défense. Il suffit alors de tracer et d'organiser les lignes d'investissement de manière à soustraire le mieux possible leurs défenseurs à l'action de cette artillerie. Nous n'avons pas à examiner en ce moment l'hypothèse du blocus combiné avec l'attaque pied à pied d'une partie du camp retranché; cette hypothèse fera l'objet d'une autre étude.

utile avis des mouvements et des préparatifs de la défense, l'assiégeant établira, par secteur, 1 ou 2 observatoires, de préférence dans des maisons situées sur des points élevés ou, à défaut de celles-ci, dans des baraques construites sur des arbres. Il importe que l'ennemi ne connaisse pas les emplacements de ces observatoires. On fera donc bien de les modifier de temps en temps, alors même que de grandes précautions auront été prises pour les dissimuler.

Les officiers chefs d'observatoires sont permanents. Ils rendent compte trois fois par jour de tout ce qu'ils ont vu et appris; ils font, en outre, des rapports extraordinaires chaque fois qu'ils le jugent utile.

En temps de brouillard et lorsque la pluie ou la neige empêchent de voir au loin, on supplée aux observations par des patrouilles et des reconnaissances.

Pour les communications ordinaires, les chefs d'observatoires emploient des cavaliers et, pour les communications urgentes, le télégraphe de campagne, qui relie les observatoires aux quartiers généraux des corps et au grand quartier général.

21

Ni à Metz ni à Paris, les Prussiens n'ont songé à se retrancher contre les armées françaises qui tenaient la campagne. On ne peut que les approuver. Les lignes de circonvallation n'ont, en effet, réussi que dans des circonstances exceptionnelles (1). L'exemple le plus remarquable, après le blocus d'Alesia, est le siége de Belgrade, pendant lequel le prince Eugène de Savoie, grâce à une ligne continue de retranchements, parvint à tenir en échec l'armée du grand vizir.

Ce résultat s'explique par le peu de solidité de l'armée turque et par l'opinion exagérée qu'ont tous les orientaux de la puissance des retranchements.

Dans une foule de circonstances, les lignes de circonvallation ont été inefficaces et même nuisibles, témoin Turin, Denain, Mayence, etc.

On pourrait conclure de là que les lignes de contrevallation doivent également être abandonnées, mais cette conclusion serait fausse parce que les lignes dont il s'agit, enveloppant l'assiégé et le forçant à attaquer dans un rentrant, résistent mieux que les lignes de circonvallation, plus étendues et présentant leur convexité à l'ennemi. Cette propriété particulière des lignes de contrevallation, d'envelopper l'armée assiégée, explique les succès que ces lignes ont assurés aux Prussiens devant Metz et devant Paris, comme elle explique aussi l'erreur des stratégistes qui ont assimilé ces lignes à un front de bataille ordinaire.

(1) Il s'agit ici de lignes enveloppant de tous les côtés la place investie. Nous admettons parfaitement que, dans certains cas, l'assiégeant retranche en arrière de la zone occupée, soit une position importante, soit des villages pouvant servir d'appui à ses opérations contre un ennemi extérieur, soit des ponts situés dans la zone ou en arrière de la zone d'investissement et dont l'armée de sortie pourrait avoir intérêt à s'emparer.

CHAPITRE IV

CALCUL DES FORCES NÉCESSAIRES POUR BLOQUER UNE PLACE A CAMP RETRANCHÉ, OCCUPÉE PAR UNE ARMÉE MOBILE ET APPUYÉE PAR DES ARMÉES DE SECOURS.

Pour résoudre l'importante question du calcul des forces nécessaires au blocus d'un grand pivot stratégique, nous supposerons qu'il s'agisse de Paris et que cette capitale, occupée par 200,000 hommes, soit appuyée par 3 armées de secours de 50,000, 75,000 et 120,000 hommes, pivotant l'une sur Arras, l'autre sur Rouen et la troisième sur Orléans.

Nous supposerons, en outre, que l'enceinte ait 5 kilomètres de rayon, que le camp retranché ait 7 kilomètres de profondeur, que la première ligne d'investissement soit à 2 1/2 kilomètres des forts et la deuxième ligne à 2 kilomètres de la première; que la zone d'investissement soit divisée en 12 secteurs de 7,250 mètres de largeur; que chaque secteur soit occupé par un corps d'armée de 30,000 hommes (1); que la 1re division de ce corps garde les lignes et que la seconde, ainsi que la cavalerie non employée et l'artillerie de corps se trouvent au centre du secteur, à 5 1/2 kilomètres en arrière de la deuxième ligne.

La zone d'investissement aura, par conséquent, 7 1/2 kilomètres de profondeur moyenne. (*Voir* planche I.)

FORCES DE LA DÉFENSE.

Garnison de l'enceinte, des forts et des postes extérieurs	. . . .	50,000 hs.
Armée mobile	. . . .	150,000 »
Armées de secours	du Nord, à Arras .	50,000 »
	de l'Ouest, à Rouen.	75,000 »
	du Sud, à Orléans .	120,000 »
	Total. . .	445,000 hs.

(1) En répartissant de la sorte les troupes d'investissement, nous supposons que le terrain est uniformément accidenté et que tous les points du périmètre sont également menacés. Dans la réalité, les choses ne se passent pas ainsi; mais en donnant à la garde des lignes une force moyenne de 4 hommes par mètre courant, on tient compte de la nécessité de porter cette force à 6 hommes dans les secteurs les plus découverts et les plus menacés, et de la réduire à 3 dans les secteurs les moins découverts et les moins menacés. (Telle était à peu près la situation devant Metz.)

FORCES DE L'ATTAQUE.

A. — *Dans la zone d'investissement.*

12 corps de 30,000 hommes	360,000 h^s.

B. — *Dans la zone d'observation.*

Armée d'observation du Nord, concentrée autour d'Amiens et observant l'armée de secours du Nord	60,000 »
Armée d'observation de l'Ouest, concentrée autour d'Evreux et observant l'armée de secours de l'Ouest.	60,000 »
Armée d'observation du Sud, concentrée autour de Chartres et observant l'armée de secours du Sud.	100,000 »
Armée d'observation de l'Est, concentrée autour de Château-Thiéry et gardant la ligne d'opérations.	30,000 »

Corps d'observation destinés à renforcer soit les troupes d'investissement, soit les armées d'observation :

Corps d'observation de Creil	15,000 »
Id. de Mantes	30,000 »
A reporter. . . .	655,000 h^s.

	Report. . .	655,000 hs.
Corps d'observation	d'Étampes	25,000 »
Id.	de Melun.	15,000 »
Id.	de Meaux.	15,000 »
	Total . . .	710,000 hs.

Cette répartition et ce partage des forces assiégeantes n'ont rien d'arbitraire. Nous les avons établis de manière à pouvoir contenir les armées de secours et à tirer le meilleur parti possible des troupes de blocus : en d'autres termes, nous nous sommes demandé quelles forces il faudrait à l'attaque pour battre ou tenir en échec les 445,000 hommes de la défense, en employant ces forces de la manière la plus judicieuse, la plus efficace.

Pour justifier le chiffre de 710,000 hommes, détaillé plus haut, nous supposerons :

1° Que, sous le rapport de la qualité des troupes et des généraux, il y aura égalité entre l'attaque et la défense et que, par conséquent, l'avantage appartiendra à l'attaque partout où elle pourra mettre en ligne 5 hommes contre 4.

2° Que les colonnes parcourront en 24 heures 7 lieues de 5 kilomètres (1);

(1) Il va sans dire qu'il s'agit ici de colonnes n'ayant pas combattu le même jour; après une bataille, les belligérants prendront toujours une nuit de repos.

3° Que les distances entre les armées et entre les corps d'armée seront mesurées à vol d'oiseau;

4° Que les troupes non employées à la garde et à la défense des lignes d'investissement (*les réserves générales*) se porteront au secours les unes des autres en parcourant des arcs de cercle;

5° Que les armées et les corps d'armée communiqueront entre eux par le télégraphe;

6° Que les armées de secours seront dans le même cas, mais qu'elles n'auront avec l'armée investie, que des communications irrégulières par ballons ou par pigeons;

7° Qu'il faudra au moins une journée pour percer la zone d'investissement, même lorsque les forces de l'assiégé auront, au point attaqué, une grande supériorité numérique.

Cette évaluation ne paraîtra pas exagérée si l'on considère que le champ de bataille, dans le cas dont il s'agit, est fortement retranché et que, dans des conditions beaucoup moins favorables, les Hanovriens ont résisté 7 1/2 heures à Langensalza, les Prussiens 10 heures à Trautenau, les Autrichiens 8 heures à Nachod et à Sadowa, les Français 6 heures à Wissembourg et 7 heures à Gravelotte.

Se fondant sur les sorties infructueuses des troupes de Metz et de Paris, beaucoup de militaires ont soutenu que l'opération de percer les lignes d'investissement est impossible lorsqu'on attend pour l'exécuter que l'ennemi soit fortement établi dans ses positions. Nous ne serons pas aussi absolu parce que nous croyons qu'à Metz on n'a pas fait et qu'à Paris on n'avait pas ce qu'il fallait pour percer les lignes des Prussiens. Mais, tout en tenant compte de l'incapacité des chefs dans un cas et de l'infériorité des troupes dans l'autre, nous pouvons affirmer que, dans les conditions les plus favorables à la défense, il faudra à celle-ci au moins une journée pour percer les lignes d'investissement. Il serait impossible de contester ce point sans nier l'expérience acquise et sans méconnaître l'avantage énorme que donnent à la défense la disposition concave des lignes d'investissement et le tir rapide des fusils se chargeant par la culasse.

Le but des armées de secours sera de débloquer Paris.

Voici les diverses combinaisons auxquelles la poursuite de ce but peut donner lieu :

1° L'armée investie a fait savoir, par ballon ou autrement, au quartier général d'Arras que, tel jour, elle tentera une sortie générale dans la direction d'Arras et que l'armée de secours du Nord, en prévision de cette sortie, devra se rapprocher de Paris ;

2° Même opération, la sortie ayant lieu dans la direction de Rouen ;

3° Même opération, la sortie ayant lieu dans la direction d'Orléans.

Nous examinerons ces 3 combinaisons et nous supposerons ensuite qu'au lieu d'une seule armée de secours les 3 armées se rapprochent de Paris en même temps, pour appuyer un effort général de l'armée investie dans la direction d'Arras, de Rouen ou d'Orléans.

Ire HYPOTHÈSE.

Le commandant en chef de l'armée de Paris fait une sortie avec 150,000 hommes pour traverser la zone d'investissement et marcher a la rencontre de l'armée d'Arras.

Dans cette hypothèse, il faudra percer d'abord les 2 lignes de défense qui couvrent les 1er, 2e et 12e corps. Ces 3 corps ont un effectif de 90,000 hommes, qui sera bientôt renforcé par 36,000 hommes composant les réserves générales des 3e et 11e corps (*voir* planche I), réserves qui n'auront qu'une lieue et demie à faire pour arriver sur le lieu du combat. Comme les observatoires auront signalé la sortie avant qu'elle ait débouché du camp retranché, ces réserves rejoindront au moment où la sortie abordera la première ligne de défense. 2 1/2 heures après, arriveront les réserves générales des 4e et 10e corps, de sorte que, 4 heures après l'alerte donnée par les observatoires, 162,000 hommes se trouveront concentrés en arrière de la partie attaquée du cordon d'investissement.

Dans ces conditions, la lutte se poursuivra avec des chances favorables pour l'assiégeant.

Supposons toutefois qu'à la fin de la journée l'armée

investie perce les 2 lignes et repousse les troupes engagées ; celles-ci seront aussitôt appuyées par le corps d'observation de Creil, arrivé dans la soirée (n'ayant eu que 26 kilomètres à parcourir) ; dès ce moment, elles auront une supériorité si grande, qu'elles forceront les troupes de sortie à rentrer dans le camp retranché.

Si, contrairement à toutes les probabilités, la seconde journée est encore favorable à l'armée investie, la situation sera la suivante :

Les troupes de l'assiégeant, obligées de battre en retraite, seront poursuivies jusqu'en P (à 7 lieues de la zone d'investissement), où elles arriveront à la fin du troisième jour (1).

Pendant ce temps, voici ce qu'auront fait l'armée de secours d'Arras et l'armée d'observation d'Amiens :

L'armée de secours, établie à 145 kilomètres de la capitale, s'est mise en mouvement la veille de la sortie, pour se rapprocher de l'armée de Paris. En même temps, les 2 autres armées de secours ont fait un mouvement en avant, pour que l'ennemi ne devine pas immédiatement que la défense a le dessein de percer dans la direction d'Arras.

Le jour de la sortie, l'armée de secours du Nord sera donc en A, à 7 lieues d'Arras.

Quant à l'armée d'observation d'Amiens, dès que ses avant-postes lui eurent signalé le départ de l'armée de

(1) On suppose qu'après la bataille du deuxième jour vainqueurs et vaincus ont donné une nuit de repos.

secours, elle se porta en B, sur la ligne d'opérations de celle-ci. Le lendemain, elle eut à opter entre 2 résolutions : attaquer l'armée d'Arras entre B et A, en X, ou profiter de son avance de 5 lieues environ pour marcher sur Paris. Ayant la supériorité du nombre, elle donna la préférence à la première résolution, parce que l'attaque a tout intérêt à séparer les troupes de la défense au moment où elles cherchent à se réunir.

Les 50,000 hommes de l'armée d'Arras, attaqués par les 60,000 hommes de l'armée d'Amiens, seront donc vraisemblablement battus le jour même où l'armée de Paris commencera l'attaque des lignes.

S'il en était autrement, il ne resterait à l'armée d'investissement que la ressource de tenter un suprême effort le lendemain, pour refouler l'armée de Paris dans son camp retranché pendant que l'armée d'observation du Nord battrait en retraite, et d'expédier ensuite à celle-ci une partie de ses forces, pour lui permettre de reprendre l'offensive contre l'armée de secours.

Dans l'hypothèse la plus vraisemblable, celle de la retraite de l'armée de secours après la bataille livrée en X, l'armée d'observation la fera poursuivre par 30,000 hommes pendant que les 30,000 restants se porteront sur Paris. Le soir du troisième jour, ces derniers arriveront en D (à 7 lieues de X). En ce moment, l'armée d'investissement, battue en C, le deuxième jour, se trouvera en P, où elle passera la nuit.

Le lendemain, vers le milieu du jour, elle sera rejointe entre P et D par les 30,000 hommes détachés de l'armée d'observation.

Les 150,000 hommes de l'armée de Paris (moins les pertes) se trouveront, dès lors, en présence des 162,000 hommes de l'armée d'investissement, des 15,000 hommes du corps de Creil et des 30,000 hommes détachés de l'armée d'observation du Nord; total, 207,000 hommes (moins les pertes).

La partie sera donc perdue pour la défense.

Il y a plus : si, dans le courant de la deuxième journée, l'armée de secours de l'Ouest ne marque pas l'intention de continuer son mouvement sur Paris, le corps de Mantes, fort de 30,000 hommes, se portera en C, où il arrivera le quatrième jour; le corps de Meaux, fort de 15,000 hommes, dirigé également sur ce point, y sera depuis la veille; dès lors, 45,000 hommes occuperont la ligne de retraite de l'armée de Paris 24 heures avant la bataille décisive qui aura lieu entre P et D, circonstance qui pourra transformer sa défaite en un désastre irréparable.

REMARQUE.

La possibilité, démontrée par cet exemple, de disposer du corps de Mantes pour tourner ou attaquer en flanc l'armée de Paris, après son échec final, prouve que la non-coopération de 2 des armées de secours n'est pas une circonstance favorable à la défense.

La même remarque s'applique aux deuxième et troisième hypothèses, que nous discuterons plus loin.

2e HYPOTHÈSE.

L'ARMÉE DE PARIS, FORTE DE 150,000 HOMMES, FAIT UNE SORTIE DANS LA DIRECTION DE ROUEN, POUR OPÉRER SA JONCTION AVEC L'ARMÉE DE SECOURS DU SUD ; LES 2 AUTRES ARMÉES DE SECOURS SE BORNENT A FAIRE UNE DÉMONSTRATION EN AVANT LE JOUR OU L'ARMÉE DE SECOURS DU SUD SE PORTE VERS PARIS, AFIN DE SOUSTRAIRE PENDANT UN JOUR A LA CONNAISSANCE DE L'ENNEMI LE POINT SUR LEQUEL SE FERA L'EFFORT DE L'ARMÉE INVESTIE.

L'exemple précédent et les considérations que nous avons émises à propos de la campagne d'Italie de 1796 (1) prouvent que, plus on éloigne les armées de secours, plus on améliore la situation des forces attaquantes, opérant suivant des lignes intérieures. La défense cherchera donc à rapprocher le plus possible de Paris l'armée à la rencontre de laquelle elle se propose de marcher. C'est pourquoi nous admettons que les armées de secours feront toutes un mouvement en avant, l'une sérieusement, les autres seulement à titre de démonstration, la veille du jour où la sortie devra avoir lieu.

(1) Le présent travail est extrait d'une *Étude sur les lignes d'opérations centrales*, que nous publierons ultérieurement.

8

Le jour de la sortie, l'armée de secours de l'Ouest sera arrivée en A′, à 7 lieues de Rouen, et les 2 autres armées de secours auront fait une demi-étape en avant, pour retourner le lendemain dans leurs cantonnements. Pendant ce temps, l'armée d'observation de l'Ouest se sera portée d'Evreux en B′, où l'aura précédé le corps de Mantes, fort de 30,000 hommes.

L'armée de Paris attaquera de grand matin les 3e, 2e et 4e corps, qui seront, au moment de l'attaque, rejoints par les réserves générales des 5e et 1er corps et, 2 1/2 heures après, par celles des 6e et 12e corps; total, 162,000 hommes, qui contiendront ou refouleront l'armée de Paris.

Le jour où ce combat aura lieu, les 90,000 hommes réunis en B′ se porteront à la rencontre de l'armée de secours de l'Ouest et la bataille aura lieu en X′, entre B′ et A′, dans les meilleures conditions pour les troupes de l'assiégeant.

L'armée battue sera poursuivie par 45,000 hommes; les 45,000 restants (moins les pertes) se porteront en D′, pour renforcer l'armée d'investissement si celle-ci, le lendemain de la sortie, était refoulée dans la direction de Rouen.

Grâce à ce renfort, l'assiégeant reprendrait le terrain perdu et refoulerait l'armée de Paris dans son camp retranché.

3e HYPOTHÈSE.

Sortie de l'armée de Paris dans la direction d'Orléans, pour opérer sa jonction avec l'armée de secours du Sud, les deux autres armées de secours faisant seulement une pointe en avant.

La veille de la sortie, l'armée de secours du Sud arrivera en A″, au moment où l'armée d'observation du Sud, partie le matin de Chartres, se joindra, en B″, au corps d'Étampes et que celui-ci sera remplacé dans ses positions par le corps de Melun.

L'armée de Paris se heurtera, comme dans les 2 hypothèses précédentes, contre 162,000 hommes de l'armée d'investissement et, pendant qu'elle cherchera à percer les lignes qui couvrent ces forces, les troupes réunies à Étampes et en B″ marcheront à la rencontre de l'armée de secours, établie au point A″.

Ces forces combinées, d'un effectif de 140,000 hommes, refouleront probablement l'armée de secours; on fera poursuivre celle-ci par 80,000 hommes, tandis que les 60,000 autres (moins les pertes) rebrousseront chemin dans la direction de Paris. Ces 60,000 hommes arriveront dans la soirée du troisième jour au point D″ et ils assureront la victoire à l'armée d'investissement le quatrième jour si celle-ci a su conserver ses positions le lendemain de la sortie; si, au contraire, elle a été repoussée ce jour-là dans la direction d'Étampes, la jonction se fera près de cette ville et ce sera alors au tour de l'armée de Paris à battre en retraite, puisque ses 150,000 hommes (moins les pertes) seront attaqués par 222,000 hommes (moins les pertes).

4e HYPOTHÈSE.

LES TROIS ARMÉES DE SECOURS MARCHENT EN MÊME TEMPS SUR PARIS, POUR COMBINER LEUR ATTAQUE AVEC CELLE DE L'ARMÉE INVESTIE, QUI TACHE DE PERCER LES LIGNES DE BLOCUS DANS LA DIRECTION D'ORLÉANS.

L'armée d'Arras, étant plus éloignée de Paris que les deux autres (d'environ 52 kilomètres), se mettra vraisemblablement en marche 24 ou 36 heures avant celles-ci. Elle sera attaquée et refoulée le deuxième jour par l'armée d'observation du Nord, comme nous l'avons expliqué dans la première hypothèse.

A la fin du premier jour, les troupes d'observation, à l'ouest et au sud, occuperont les positions suivantes :

Les 60,000 hommes d'Evreux et les 30,000 de Mantes se trouveront concentrés en B′, devant l'armée de secours de l'Ouest, arrivée en A′.

Les 100,000 hommes de Chartres, les 25,000 d'Étampes et les 15,000 de Melun seront concentrés entre Étampes et le point B'', devant l'armée de secours du Sud, arrivée en A''.

Ce jour, 2 batailles seront livrées, l'une en X', l'autre en X''. Comme celle de la veille, livrée en X, elles se termineront à l'avantage des armées d'observation, qui refouleront les armées de secours vers Rouen et Orléans.

Une partie de l'armée d'observation du Sud (60,000 hommes) se portera sur Paris le lendemain de la bataille livrée en X''. Elle arrivera vers la fin du troisième jour en D'', à 2 lieues de la zone d'investissement.

La grande sortie vers Orléans aura lieu le deuxième jour; l'armée d'investissement lui opposera, comme dans les hypothèses précédentes, 162,000 hommes. Elle sera donc refoulée; mais supposons — pour nous placer dans l'hypothèse la plus favorable à la défense — que l'armée de Paris soit parvenue à se maintenir sur la zone d'investissement et qu'elle recommence la lutte le lendemain, c'est-à-dire le troisième jour. Si le sort des armes lui est favorable, la partie engagée de l'armée d'investissement se repliera dans la soirée et rencontrera, en D'', les 60,000 hommes détachés de l'armée victorieuse du Sud. Dès lors, elle pourra prendre l'offensive et rejeter l'armée de Paris dans son camp retranché.

REMARQUE.

On arriverait à la même conclusion si l'on supposait que, les armées de secours marchant simultanément sur Paris, l'armée investie faisait son effort dans la direction de Rouen ou d'Arras.

5e HYPOTHÈSE.

Avant de marcher sur Paris, l'armée de secours du Nord cherche a faire sa jonction avec l'armée de secours de l'Ouest, a Rouen, ou bien celle-ci cherche a se réunir a l'armée de secours du Sud, a Orléans.

Dans le premier cas, si l'armée d'Arras suit la route directe qui conduit à Rouen, l'armée d'observation du Nord se portera d'Amiens vers le point E de la route, pour marcher à la rencontre de l'armée de secours, la battre et la repousser. Si, au contraire, l'armée d'Arras se porte sur Rouen en faisant un détour par Frevent, Abbeville et Neufchatel, pour n'être pas prévenue sur sa ligne d'opérations par l'armée d'Amiens, celle-ci pourra encore la devancer à Abbeville, mais elle fera mieux alors de se porter par Beauvais sur Magny, commune traversée par la route directe de Rouen à Paris (rive droite de la Seine).

Aussitôt que les armées de secours du Nord et de l'Ouest, fortes de 125,000 hommes, seront réunies à Rouen et qu'elles se mettront en marche sur Paris, les 60,000 hommes de Magny, les 60,000 d'Evreux et les 30,000 de Mantes se porteront en B′ et avanceront ensuite contre l'ennemi, lequel, étant moins fort, sera battu.

Dans le deuxième cas (l'armée de secours de l'Ouest se réunissant à Orléans à l'armée de secours du Sud), si l'armée de l'Ouest suit la route directe de Rouen à Orléans par Evreux et Chartres, les 60,000 hommes de l'armée d'observation de l'Ouest seront rejoints à Evreux par les 30,000 du corps d'observation de Mantes, et tous ensemble se porteront à la rencontre de l'ennemi, arrivé en G.

La différence en faveur des troupes d'observation étant de 15,000 hommes, celles-ci repousseront l'armée de secours de l'Ouest dans la direction de Rouen.

Si cette armée veut opérer sa jonction avec l'armée de secours d'Orléans en faisant un détour par Bernay, Laigle, Nogent-le-Rotrou et Châteaudun, l'armée d'observation de l'Ouest, le corps d'observation de Mantes, l'armée d'observation du Sud et le corps d'observation de Melun se porteront sur Étampes, où il y aura, dès lors, 230,000 hommes prêts à marcher au-devant des armées de secours de l'Ouest et du Sud, formant une masse totale de 195,000 hommes.

Cette masse sera battue entre Étampes et Orléans et poursuivie par les 2 tiers de l'armée victorieuse, pendant que le tiers restant se portera sur Paris, pour renforcer la partie engagée de l'armée d'investissement, dans le cas où celle-ci serait repoussée.

6e HYPOTHÈSE.

LES ARMÉES DE SECOURS DU SUD ET DU NORD SE PORTENT SUR LA LIGNE D'OPÉRATIONS DE L'ENNEMI, POUR FORCER CELUI-CI A LEVER LE SIÉGE DE PARIS.

Si l'objectif ou le point à occuper de la ligne d'opérations était rapproché de Paris, par exemple à Château-Thiéry, l'entreprise échouerait certainement, parce que l'attaque pourrait concentrer, entre Meaux et Château-Thiéry, 260,000 hommes (1) avant que les 170,000 (2) de la défense pussent atteindre la dernière de ces villes.

En effet, l'armée d'Arras, passant par Péronne, Ham et Soissons, aurait 30 lieues à faire, et l'armée d'Orléans, 43. On pourrait, à la vérité, abréger de 9 lieues le trajet de cette dernière en la faisant passer par Fontainebleau et Rosoy, au lieu de Montargis, Sens et Nogent-sur-Seine ; mais alors on l'exposerait à être attaquée en flanc, entre

(1)

Armée d'Amiens.	60,000	hommes.
Corps de Creil.	15,000	—
Corps de Meaux et de Château-Thiéry.	45,000	—
Corps de Melun	15,000	—
Corps d'Étampes.	25,000	—
Armée de Chartres.	100,000	—
Total.	260,000	hommes.

(2) Armées d'Orléans et d'Arras.

Fontainebleau et Rosoy, par une armée de 140,000 hommes, formée de la réunion des troupes de Chartres, d'Étampes et de Melun.

La concentration des armées de secours du Nord et du Sud ne pourra donc se faire à Château-Thiéry qu'à la fin du sixième jour de marche; or, dans le courant de la troisième journée l'armée d'Amiens atteindra Meaux, où arrivera également, le lendemain soir, l'armée de Chartres. Dès ce moment, toutes les chances seront pour les troupes d'observation.

Les armées de secours ne se trouveront pas dans une meilleure situation si elles font choix d'un objectif plus éloigné, par exemple Châlons ou Toul. En effet, l'attaque pourra lancer dans la vallée de la Marne une force de 220,000 hommes (en laissant 15,000 hommes à Creil et 25,000 à Étampes pour appuyer éventuellement l'armée d'investissement). Or, cette force permettra d'écraser, l'une après l'autre, les 2 armées de secours du Nord et du Sud et même de les battre simultanément si, par un coup de fortune, elles parviennent à opérer leur jonction.

CONCLUSIONS.

Il résulte de ce qui précède que l'effectif et l'emplacement que nous avons donnés aux troupes de l'attaque permet à celles-ci de faire face à toutes les éventualités. Par conséquent, il est acquis qu'AVEC DES FORCES MOINS QUE DOUBLES DE CELLES DE LA DÉFENSE ON PEUT INVESTIR UNE PLACE A CAMP RETRANCHÉ ET MAINTENIR L'INVESTISSEMENT JUSQU'A LA FIN.

Cette conclusion ne doit pas entraîner la condamnation des camps retranchés ni même affaiblir la confiance que l'on a eue jusqu'ici dans ces établissements. La seule leçon qu'on en puisse tirer, c'est qu'il y a lieu de porter les forts détachés assez loin de l'enceinte pour que l'investissement devienne impossible ou, du moins, exige des forces et des sacrifices hors de proportion avec l'importance du but à atteindre.

Les diverses hypothèses examinées plus haut nous fourniront les éléments nécessaires pour fixer les idées sur des questions qu'il eût été difficile, sinon impossible, de résoudre en restant dans les généralités.

On peut se demander, d'abord, *s'il y aurait avantage pour la défense à réduire le nombre des armées de secours à 2.* Cette question doit être résolue négativement. En effet, l'établissement d'une armée sur chacune des 3 zones non envahies a l'avantage de diviser l'attention de l'ennemi, de faciliter le recrutement et l'approvisionnement des troupes et d'agir favorablement sur le moral des populations. D'un autre côté, la réunion de 2 de ces armées en une seule ou la formation d'une armée de secours unique n'augmente ni les difficultés ni les charges des troupes d'observation. Pour le démontrer, supposons que les 50,000 hommes de l'armée de secours du Nord se réunissent aux 75,000 de l'armée de Rouen. Dans ce cas, on établira l'armée d'observation d'Amiens à Gisors, et le corps de Creil à Beaumont; on pourra, dès lors, opposer aux 125,000 hommes de l'armée de Rouen une masse de 150,000 hommes, formée par l'armée d'Evreux (60,000), celle de Gisors (60,000) et le corps de Mantes (30,000). Cette masse, à laquelle on joindra, au besoin, le corps de Beaumont, sera concentrée en B′ au moment où l'armée de Rouen arrivera en A′.

Si l'armée d'Arras était réunie à l'armée d'Orléans, il suffirait, pour assurer à la défense la supériorité du nombre, d'établir l'armée d'Amiens à Pithiviers. On pourrait alors réunir entre B″ et Étampes, au moment où les 180,000 hommes d'Orléans arriveraient en A″, une force de 200,000 hommes formée par l'armée de Chartres (100,000), celle de Pithiviers (60,000), le corps d'Étampes (25,000) et celui de Melun (15,000).

Si l'armée de Rouen se réunissait à celle d'Orléans, l'armée d'Arras ne bougeant point, l'attaque établirait l'armée d'Evreux à Pithiviers et le corps de Meaux à Malesherbes. Dès lors, elle pourrait concentrer aux environs d'Étampes 200,000 hommes au moment où les 195,000 hommes d'Orléans arriveraient en A″; cette masse serait formée par l'armée de Chartres (100,000), le corps d'Étampes (25,000), l'armée de Pithiviers (60,000), le corps de Malesherbes

(15,000); on la renforcerait, au besoin, par le corps de Melun.

Voyons maintenant ce qui arriverait si les 3 armées de secours étaient réunies à Orléans :

Dans ce cas, pour repousser les 245,000 hommes de troupes de secours, il faudrait porter l'armée d'Amiens à Étampes, l'armée d'Evreux à Pithiviers, le corps de Mantes à Malesherbes. Le corps de Creil serait établi à Pontoise, pour servir de réserve en cas de sortie de l'armée de Paris vers le nord ou l'ouest, et on désignerait les corps de Meaux et de Château-Thiéry pour venir au secours de l'armée d'investissement si la sortie avait lieu vers l'est. On pourrait donc réunir autour d'Étampes 290,000 hommes au moment où l'armée de secours arriverait en A''. Cette masse serait formée par l'armée de Chartres (100,000), l'armée de Pithiviers (60,000), l'armée d'Étampes (85,000), le corps de Malesherbes (30,000) et le corps de Melun (15,000).

De ce qui précède, on peut conclure que l'attaque n'éprouverait pas plus de difficultés et ne devrait pas avoir plus de forces pour maintenir l'investissement de Paris si les armées de secours étaient réunies en 2 masses ou en une seule masse.

C'est plutôt le contraire qui arriverait, la séparation des armées de secours rendant la surveillance plus difficile et offrant à la défense des avantages précieux, que nous avons signalés plus haut.

Une question non moins importante à résoudre est celle-ci :

Les armées de secours doivent-elles se trouver à une grande distance de la place investie ou près de la place?

Dans l'exemple que nous avons choisi, l'armée de secours du Nord se trouve à 4 marches de la zone d'investissement et les 2 autres armées à 3 marches.

Nous avons vu que la première peut être battue le deuxième jour entre A et B et que, dans ce cas, l'armée d'observation n'arrive à la limite de la zone d'investissement (en C) qu'à la fin de la cinquième journée. Ce retard est favorable à la défense, car si celle-ci fait une sortie le jour même où l'armée d'Arras se met en mouvement, elle peut, en cas de succès, poursuivre l'armée battue pendant 2 ou 3 jours (nous supposons que, pour percer les lignes, il faille 2 jours) ou se porter sur les corps non engagés de l'armée d'investissement sans avoir à craindre l'intervention de l'armée d'observation du Nord.

Les armées de secours de l'Ouest et du Sud n'étant qu'à 3 marches de la zone d'investissement, les armées d'observation peuvent, à la fin du troisième jour, porter une partie de leurs forces en D' et D", pour appuyer les troupes d'investissement en cas d'insuccès de celles-ci (1).

Si les armées de secours ne se trouvaient qu'à 2 marches

(1) Le second jour, elles battent les armées de secours en X' et X", après quoi elles restent sur le champ de bataille jusqu'au lendemain.

de la zone d'investissement, les armées d'observation les battraient le deuxième jour en D' et D'' et, le lendemain, une partie des troupes victorieuses pourrait venir au secours de l'armée d'investissement.

Il résulte de là qu'il y a avantage, pour la défense, à éloigner beaucoup les armées de secours; mais cette conclusion étant fondée sur l'hypothèse que les armées de secours seront battues et refoulées et que l'armée de Paris forcera les lignes d'investissement à la fin du deuxième jour, il y a lieu d'examiner la question en faisant d'autres hypothèses.

Supposons, d'abord, que l'armée de Paris soit refoulée le premier ou le deuxième jour et que les armées de secours soient battues.

Dans ce cas, il importe peu à la défense que les armées de secours soient éloignées ou rapprochées de la place, puisque ce n'est pas le lendemain de ce double échec, ni même 2 ou 3 jours après que la défense peut songer à prendre sa revanche.

Supposons ensuite l'armée de Paris repoussée le premier ou le deuxième jour et l'une des armées de secours (celle du Sud) victorieuse.

Dans ce cas, il est encore indifférent à la défense que l'armée de secours soit éloignée ou rapprochée de Paris, puisque cette armée devra s'arrêter et revenir sur ses pas aussitôt que l'armée d'observation sera arrivée dans le rayon d'action de l'armée d'investissement.

Il n'y aurait lieu, pour elle, de livrer une seconde bataille que si les autres armées de secours avaient obtenu un égal succès; car, dans ce cas, l'armée d'investissement ne pourrait guère renforcer les armées d'observation repoussées, puisque l'armée de Paris profiterait sans nul doute de ces conjonctures favorables pour tenter un suprême effort par le côté dégarni.

L'hypothèse dont il s'agit aurait donc pour résultat de forcer l'attaque à lever le blocus et à se concentrer au plus vite sur sa ligne d'opérations, pour battre en retraite.

Il ne nous reste plus qu'une hypothèse à examiner : celle de l'armée de Paris perçant le second jour la deuxième ligne d'investissement pour marcher à la rencontre d'une armée de secours qui aurait remporté une victoire, ce même jour.

Si la bataille livrée par cette dernière armée est rapprochée de Paris, les 2 masses victorieuses, étant à portée de se soutenir, auront plus de chances d'envelopper l'ennemi et de lui faire essuyer, le lendemain, un nouvel échec que si le lieu du combat était éloigné. Ce cas se présenterait si l'armée de secours était à 2 marches de la zone d'investissement. Alors la bataille aurait lieu à une marche au plus de ladite zone et, le troisième jour, les 2 troupes battues seraient prises entre l'armée de Paris et l'armée de secours, lesquelles se trouveraient à moins d'une marche l'une de l'autre.

A ce point de vue, il y aurait avantage à n'établir les armées de secours qu'à 2 marches de Paris; mais, en pareille matière, il faut embrasser toutes les hypothèses et donner la préférence aux solutions qui satisfont aux hypothèses les plus nombreuses et les plus vraisemblables.

Si l'on établit les armées de secours près de la place, on permet à l'armée de blocus de détacher, sans danger pour elle, une partie de ses forces pour appuyer l'armée d'observation pendant la bataille, qui alors se livrera à moins d'une étape de la zone d'investissement (1).

En outre, les armées de secours éprouveront de grandes difficultés pour se nourrir et se recruter; elles seront observées de trop près, n'auront plus autant d'indépendance et n'exerceront plus autant d'influence sur les provinces non envahies, d'où les secours et les renforts doivent arriver.

Pour toutes ces raisons, nous croyons que les armées de secours ne doivent pas se trouver à moins de 3 marches (20 lieues environ) de la place investie.

Comme l'arrivée simultanée de ces armées, en cas de sortie, constitue l'événement le plus favorable à la défense, nous croyons également que les armées de secours doivent se trouver, autant que possible, à la même distance de la place.

Cette distance, qui sera de plus de 2 marches, ne

(1) C'est ce que fit l'armée prussienne devant Paris. Le 17 janvier 1871, le général de Moltke envoya par chemin de fer la 16e brigade du IVe corps et une batterie montée de Gonesse à Saint-Quentin, où le général von Gœben livra, le 19, une bataille décisive à l'armée de Faidherbe. Après cette bataille, la brigade et la batterie reprirent leur place dans la ligne d'investissement.

pourra pas, sans inconvénient, être portée à plus de 4 ou 5 marches, puisque, à mesure qu'on éloigne les armées de secours l'une de l'autre, on augmente les avantages de l'attaque, laquelle, grâce à sa position centrale, opère par lignes intérieures.

Cet éloignement ne serait justifié que si les armées de secours étaient composées de troupes désorganisées ou nouvellement formées, qu'il faudrait soustraire pendant quelque temps aux attaques de l'ennemi.

La France s'est trouvée dans ce cas ; elle aurait donc pu assigner d'abord à ses armées de secours les villes fortifiées de Lille, de Nantes et de Lyon, sauf à les porter ensuite sur Arras, Rouen et Orléans, au moment où elles eussent été en état de concourir aux opérations qui avaient pour objectif la délivrance de Paris.

DE LA RÉPARTITION DES TROUPES D'OBSERVATION.

La répartition que nous avons faite des troupes d'observation repose sur des principes qu'il est nécessaire d'exposer et de discuter pour résoudre la question de savoir s'il ne serait pas possible d'atteindre le but avec un effectif moindre.

Ces principes sont les suivants :

1° Les armées de secours ne doivent pouvoir faire aucun mouvement sans que les armées d'observation en soient immédiatement prévenues. La plus grande distance à laquelle une troupe peut s'éclairer efficacement est de 2 marches, soit 12 à 14 lieues; c'est donc la limite extrême à laquelle les armées d'observation doivent s'éloigner des armées de secours. Si elles s'en rapprochaient à moins d'une marche, elles pourraient être engagées trop tôt ou suivies de trop près dans leur retraite pour être rejointes par les corps d'observation plus rapprochés de la place, lesquels, suivant les circonstances, doivent appuyer l'armée d'investissement ou les armées d'observation ;

2° L'effectif de chaque armée d'observation, après qu'elle aura rallié le ou les corps d'observation détachés vers la place, devra être supérieur d'environ 1/5 à l'effectif de l'armée de secours;

3° Les emplacements des armées et des corps d'observation seront choisis de telle sorte, que les armées de secours ne puissent pas se porter vers la place ou marcher l'une vers l'autre, *en ligne directe*, sans être prévenues sur leur route par les troupes destinées à les arrêter ;

4° Les lignes d'investissement pouvant résister assez longtemps pour que la lutte décisive n'ait lieu que le deuxième jour, il importe que les corps d'observation ne se trouvent pas à plus d'une marche de la zone d'investissement.

Les emplacements d'Amiens, d'Evreux, de Chartres et de Château-Thiéry, choisis pour les armées d'observation, satisfont aux première et troisième conditions, puisque ces points se trouvent à moins de 2 marches des armées de secours et qu'ils sont plus éloignés des armées de secours que des routes que ces armées doivent suivre pour marcher sur Paris ou se réunir l'une à l'autre.

Les emplacements de Creil, de Mantes, d'Étampes, de Melun et de Meaux, choisis pour les corps d'observation, satisfont à la quatrième condition, puisque ces points sont respectivement à 26, 27, 28, 23 et 20 kilomètres de la zone d'investissement.

Enfin, les effectifs assignés aux armées et aux corps d'observation satisfont à la deuxième condition, puisque, sur chaque ligne d'opérations aboutissant à Paris, on peut opposer aux armées de secours des forces dépassant de 1/5 l'effectif de ces armées.

Si, au lieu d'adopter cette répartition des troupes, nous avions établi l'armée d'observation du Nord en X, l'armée d'observation de l'Ouest et le corps de Mantes en X', l'armée d'observation du Sud et les corps d'Étampes et de Melun en X'', les première et deuxième conditions auraient été remplies comme dans la répartition précédente, mais la troisième ne l'eut été qu'à moitié puisque les routes directes d'une armée à l'autre sont trop éloignées des points X, X' et X'' pour qu'on puisse *sûrement* prévenir les armées sur ces routes en se plaçant entre elles et le point vers lequel elles se dirigent. Quant à la quatrième condition, elle n'eut pas été remplie du tout, puisque les points X, X', X'' se trouvent respectivement à

100, 50 et 45 kilomètres de la zone d'investissement.

Nous ferons remarquer, en outre, que les emplacements d'Evreux et de Chartres offrent ce grand avantage que, se trouvant à 70 kilomètres l'un de l'autre, sur la route directe de Rouen à Orléans, on peut, en renforçant l'armée d'observation du Sud aux dépens de celle de l'Ouest ou, réciproquement, celle de l'Ouest aux dépens de celle du Sud, essayer d'écraser isolément 2 des armées de secours, à la première occasion favorable qui se présentera : par exemple, lorsque ces armées chercheront à se réunir.

Cette opération ne serait plus possible si l'armée d'observation de l'Ouest était en X′ et celle du Sud en X″, 2 points situés à environ 30 kilomètres en arrière de la ligne de Rouen-Orléans et à 120 kilomètres l'un de l'autre.

CIRCONSTANCES FAVORABLES A L'INVESTISSEMENT DES CAMPS RETRANCHÉS.

Les raisonnements que nous avons faits ci-dessus pour déterminer la force d'une armée de blocus conduisent à des principes et à des conclusions que nous croyons utile d'exposer :

1° A égalité de périmètre, moins le terrain en avant des forts est accidenté et couvert, plus il faut de troupes et de travaux de défense pour assurer le blocus ;

2° Les inondations qui s'étendent parallèlement au périmètre du camp retranché sont favorables à l'assiégeant. Telle était l'inondation de la Morée, qui couvrait le front de la garde prussienne entre Sevran et Dugny. L'armée de la Meuse l'avait formée en dérivant le canal de l'Ourcq, qui est pour Paris une source abondante d'eau potable. Le major Blume dit à propos de cette inondation : « L'augmentation de force ainsi donnée à ce front » permettait à l'armée de la Meuse de s'étendre de plus » en plus sur sa droite et de renforcer le point de jonction, » jusqu'alors un peu faible, avec l'aile gauche de la troi- » sième armée. »

3° Sont également nuisibles à la défense, les inondations rayonnantes d'une grande largeur, parce qu'elles restreignent les zones par lesquelles la garnison peut agir offensivement et qu'elles diminuent, en même temps, l'étendue des lignes d'investissement. Toutefois, une exception doit être faite en faveur des inondations de cette espèce qui s'étendent depuis la place jusqu'à la mer et dont, par conséquent, l'ennemi ne peut occuper ni surveiller le bord extérieur. (Telles sont les inondations qui mettent la place d'Anvers en communication avec la mer et avec la Hollande. Elles rendent le blocus de cette place impossible, à moins que l'assiégeant ne soit maître de la Manche et assuré du concours des Pays-Bas.)

4° Les inondations rayonnantes qui s'étendent depuis la limite du camp retranché jusqu'au delà de la zone d'investissement sont favorables à la défense parce qu'elles entravent les communications entre les corps de l'armée d'investissement, sans gêner celles entre les corps de l'armée campée. (Mais il est rare que l'ennemi ne parvienne pas à détourner les cours d'eau qui forment ces inondations; l'histoire des siéges en offre de nombreux exemples.)

REMARQUES SUR LES INONDATIONS.

Les inondations ont, en général, le défaut de restreindre le champ des opérations actives; mais ce défaut est largement compensé lorsqu'elles assurent à la défense l'inappréciable avantage d'interrompre les lignes d'investissement et de mettre la place en communication avec la mer ou avec un pays allié.

Dans ce cas, les inondations ne dispensent pas de l'obligation de construire au milieu du secteur qu'elles occupent des pièces noyées ou une digue défensive, pour combattre les embarcations que l'ennemi mettra à flot ou les travaux de terrassements à l'aide desquels il essaiera d'intercepter les communications de la place avec l'extérieur.

Une digue défensive est préférable à des pièces noyées parce qu'elle permet de supprimer l'inondation en deçà et de conserver ainsi à la défense des ressources précieuses en pâtures, céréales et fourrages. Cette digue sera généralement établie dans le prolongement de la ceinture des forts du camp retranché.

A Anvers, il y a une digue de ce genre sur la rive droite de l'Escaut : celle de Wilmarsdonck, qui relie le fort Saint-Philippe au village d'Eeckeren, et une autre sur la rive gauche : celle (construite nouvellement) qui relie le fort Sainte-Marie à un point de la route de Gand situé entre Melsele et Zwyndrecht.

En occupant fortement ces digues, la défense pourra se dispenser de tendre les inondations en arrière des digues et retarder la formation des inondations en avant jusqu'au moment où l'Escaut ne suffira plus pour assurer les communications de la place avec la Hollande et avec la mer (1).

Cette remarque servira de réponse aux militaires qui ont prétendu que l'armée belge, renfermée dans le camp retranché d'Anvers, serait condamnée à une défense passive et que les inondations dont elle devrait s'entourer la décimeraient en peu de jours. Parmi ces militaires, le

(1) Pour assurer ces communications, on fera, au moment de la guerre, de larges coupures dans les digues intérieures situées entre la frontière et les digues défensives. Ces coupures, par lesquelles passeront les bateaux plats chargés de ravitailler la place, seront protégées par de petites redoutes armées de pièces à longue portée (lesquelles, combinant leur feu avec celui de l'artillerie des digues défensives, empêcheront l'ennemi de s'établir sur les digues intérieures ou de lancer des embarcations sur les terrains inondés).

plus absolu et le plus exagéré est le lieutenant-colonel Vandevelde, qui, déniant à la place d'Anvers toute importance stratégique, qualifie de *faute* et d'*hérésie militaire* la résolution, prise par le gouvernement avec l'approbation unanime de l'armée, de faire de cette place le pivot de la défense nationale. « Campée, dit-il, dans les polders où la » fièvre règne presque en permanence, l'armée belge » perdrait non-seulement la santé, la vigueur, si indispensables à la guerre, mais encore, au milieu de ces » *inondations fétides*, elle fondrait comme la neige fond » sous les rayons d'un soleil brûlant (1). »

L'auteur de cette prophétie a complétement perdu de vue la différence qui existe, au point de vue sanitaire, entre les inondations croupissantes d'eau douce et les inondations vives d'eau salée, soumises au mouvement d'oscillation des marées. Les inondations d'Anvers appartiennent à cette dernière catégorie. Elles ont été tendues un grand nombre de fois, tantôt accidentellement, tantôt pour les besoins de la défense, et jamais il n'en est résulté la moindre épidémie.

En 1859, quand le gouvernement prit la résolution d'employer 6,000 soldats aux travaux des nouvelles fortifications d'Anvers, on prédit que « ces malheureux jeunes » gens, obligés de déblayer des terres marécageuses et de » coucher dans des baraques en paille, sur un sol humide, » payeraient un lourd tribut à la mort », et, pour appuyer

(1) *Défense des États à polygone concentré*, p. 28.

ces prédictions, on évoqua les souvenirs douloureux de l'expédition de lord Chatham en 1809.

Eh bien! l'expérience a été faite et elle a tourné à la confusion des faux prophètes.

Le médecin principal De Caisne, chargé du service sanitaire de la garnison d'Anvers de 1859 à 1865 (il est aujourd'hui inspecteur général du service de santé de l'armée), a publié, dans les *Archives médicales belges,* les résultats des observations qu'il a faites pendant une période de cinq ans. Voici les conclusions de cet utile et consciencieux travail :

« Nous ne pouvons nous dispenser de relever certaines
» exagérations qui ont été émises au sujet des miasmes
» auxquels devaient être forcément soumis nos soldats
» travaillant au milieu d'un pays déjà célèbre par la
» fréquence de ses fièvres paludéennes. On se rappelle
» qu'il s'est produit publiquement, à ce sujet, des asser-
» tions qui ont fait supposer que les fièvres sont à Anvers
» d'une gravité extrême et que, dans l'exécution des
» immenses travaux de terrassements que l'on allait entre-
» prendre, la maladie serait plus grave encore et qu'elle
» pourrait déterminer une mortalité jusqu'ici sans exemple.
» Toutes ces inquiétudes sont actuellement passées.
» L'armée connaît la vérité, elle sait aujourd'hui que, loin
» d'avoir vu la mortalité augmenter dans ses rangs, elle l'a
» vu diminuer et se tenir au-dessous de ce qu'elle est dans
» presque toutes les garnisons.

» Au surplus, elle en jugera mieux encore par le tableau

» suivant, qui a été dressé après 6 ans d'observations » exactement suivies dans le service sanitaire dont j'ai » l'honneur d'être chargé. L'hôpital militaire d'Anvers a » reçu sans exception, pendant ce temps, tous les malades » d'une garnison composée de 9,000 hommes, savoir : » 3,000 casernés à Anvers et 6,000 soldats attachés à » d'immenses travaux de terrassements, etc.

» Nos chiffres comprennent donc un mouvement de » malades presque sans exemple en Belgique et, nous pour- » rions ajouter, comme il est rare d'en observer ailleurs.

» Le tableau ci-dessous donne le nombre des malades » atteints d'affections internes, de fièvres intermittentes » simples et pernicieuses, ainsi que les décès à la suite de » fièvres survenues depuis 1859 jusqu'à la fin de 1864 :

ANNÉES.	MALADIES INTERNES.	FIÈVRES INTERMITTENTES SIMPLES.	FIÈVRES INTERMITTENTES PERNICIEUSES.	DÉCÈS PAR FIÈVRES INTERMITTENTES ET LEUR SUITE (1).
1859	3,286	2,638	109	9
1860	2,216	1,531	33	10
1861	3,354	2,466	123	12
1862	2,902	1,907	56	10
1863	2,963	1,958	156	13
1864	2,551	1,414	190	6
	17,272	11,914	667	60

(1) Nous entendons par *suite* les engorgements abdominaux, les anasarques, les hydropisies, les ascites, les anémies, etc., etc.

» On voit donc, par ces chiffres et contrairement à ce » que l'on avait si légèrement avancé, que les décès » dépendant des fièvres intermittentes ont été extrêmement » rares à Anvers et que 1,000 hommes n'ont donné » environ qu'un décès par an, résultat certes fort inattendu » et auquel on aurait peine à croire si les registres de » notre hôpital n'avaient point été tenus avec le soin le » plus rigoureux et sans aucune idée préconçue. »

Les faits constatés par le docteur De Caisne s'expliquent parfaitement :

Les fièvres paludéennes ont pour cause principale les gaz qui se produisent lorsque le soleil darde ses rayons sur les *polders* (terrains endigués conquis sur la mer ou sur les fleuves). Cette action est nulle quand les *polders* sont couverts d'eau, très-faible quand la récolte est sur pied et puissante seulement quand, la récolte étant faite, le sol argileux se fend et livre passage aux émanations provenant du sous-sol, ordinairement tourbeux. C'est donc du 20 juillet au 20 septembre que la fièvre paludéenne sévit. On diminuerait certainement son intensité si, pendant cette période, on mettait les *polders* sous eau (1).

Il résulte de là que les inondations de la place d'Anvers, loin d'être nuisibles à la santé, seraient, au contraire, utiles

(1) La preuve en est fournie par ce fait bien connu, que la fièvre des *Polders* ne sévit point les années où les mois de juillet, août et septembre sont pluvieux.

et qu'il n'y aurait pas lieu, à ce point de vue, d'en réduire l'importance. Toutefois, comme elles causeraient de grands dommages en détruisant les récoltes et les prairies et qu'elles entraveraient les mouvements offensifs de l'armée, nous sommes d'avis que ces inondations devraient être tendues au dernier moment et qu'il faudrait supprimer celles qui ne seraient pas absolument nécessaires pour assurer les communications par bateaux plats avec les provinces méridionales de la Hollande.

Un autre fait, que la statistique médicale a prouvé à l'évidence, c'est que l'action des gaz paludéens ne se fait sentir qu'à une petite distance des points où ils se produisent. Ainsi, les troupes qui occupent les forts du bas Escaut, construits dans les *polders*, ont beaucoup de cas de fièvre d'un caractère pernicieux, tandis que celles qui tiennent garnison dans les forts du camp retranché, situés sur les plaines sablonneuses qui bordent les *polders*, n'ont qu'un petit nombre de cas de fièvre d'un caractère anodin.

Ce fait réduit à néant les conclusions que l'on a voulu tirer du séjour des troupes anglaises dans l'île de Walcheren, en 1809.

L'armée de lord Chatham, forte d'environ 44,000 hommes, débarqua dans l'île le 29 juillet; elle ne tarda point à être attaquée par la fièvre. Quand, le 2 septembre, elle reçut l'ordre de battre en retraite, il y avait 12,000 hommes atteints; 4,000 étaient morts des suites du fléau. Ce désastre provenait de ce que lord Chatham était arrivé juste au moment où les fièvres commençaient à sévir et de ce que ses troupes restèrent inactives, qu'elles n'eurent pas d'abris contre le mauvais temps et qu'elles furent obligées de boire l'eau marécageuse des polders. Aucune de ces circonstances ne se présenterait à Anvers, puisque l'armée serait établie dans la zone sablonneuse occupée par le camp retranché, qu'elle aurait de bons logements et de l'eau potable.

La *Statistique médicale de l'armée belge*, publiée en 1871, atteste, contrairement à ce qu'avaient annoncé les adversaires des fortifications d'Anvers, que la métropole commerciale de la Belgique se trouve, sous le rapport de la salubrité, dans de meilleures conditions qu'un grand nombre de villes réputées fort saines.

Le résumé des tableaux dressés pendant les années 1862 à 1866 établit, en effet :

1° Que le nombre des malades, par 100 hommes d'effectif, a été de :

54.75 à Anvers,
62.55 à Arlon,
64.68 au camp de Beverloo,
65.84 à Bruges,
58.69 à Bruxelles,
64.76 à Charleroi,
81.03 à Diest,
60.87 à Gand,

62.26 à Liége,
68.18 à Louvain,
72.59 à Malines,
62.87 à Mons,
62.23 à Namur,
96.55 à Ostende,
99.47 à Termonde,
60.72 à Tournai;

2° Que le nombre des décès, par 100 hommes d'effectif, a été de :

0.94 à Anvers,
0.69 à Arlon,
0.50 au camp de Beverloo,
0.72 à Bruges,
0.94 à Bruxelles,
1.37 à Charleroi,
0.88 à Diest,
1.02 à Gand,
1.00 à Liége,
1.05 à Louvain,
1.06 à Malines,
0.89 à Mons,
0.66 à Namur,
1.54 à Ostende,
1.60 à Termonde,
0.74 à Tournai.

Il résulte de ces chiffres :

A. Qu'Anvers est la garnison *où il y a le moins de malades;*

B. Que la mortalité y est égale à celle de Bruxelles, inférieure à celle de Charleroi, Gand, Liége, Louvain, Malines, Ostende et Termonde et supérieure seulement à celle d'Arlon, du camp de Beverloo, de Bruges, de Diest, de Mons, de Namur et de Tournai.

Nous avons tenu à établir ces faits pour rassurer les futurs défenseurs d'Anvers et montrer aux étrangers combien sont ridicules les déclamations des alarmistes qui dépeignent le camp retranché d'Anvers comme un lieu pestilentiel où se fondront « comme de la neige au soleil » les troupes belges et les troupes alliées qui l'occuperont.

CHAPITRE V

ORGANISATION D'UN PIVOT CENTRAL DE DÉFENSE.
PLAN-TYPE.

I

L'organisation d'un pivot central de défense ne doit pas être identique à celle d'un pivot de manœuvre ou d'une place de dépôt. Il ne suffit pas, en effet, que ce pivot soit à l'abri du bombardement et d'une attaque de vive force : il faut, en outre, qu'il ait un développement tel, que le blocus présente des difficultés insurmontables.

On peut atteindre ce dernier but de 3 manières :

1° En construisant autour de la capitale une ceinture de forts assez éloignée pour que l'investissement soit impossible;

2° En créant, sur des points favorables du terrain extérieur, 2 ou 3 camps retranchés, dont les forts les plus rapprochés de la ville soient à plus d'une portée de canon de celle-ci, et en reliant ces camps entre eux par des chemins de fer et des routes permettant de concentrer rapidement et, autant que possible, à l'insu de l'ennemi, les troupes qui les occupent (1);

3° En couvrant la ville d'une ceinture de forts assez éloignée pour que la population puisse s'accroître dans des proportions considérables et qu'il reste néanmoins en arrière des forts une zone libre de 500 à 600 mètres, nécessaire pour l'établissement des camps, la concentration des troupes et la défense intérieure.

Ces forts, reliés entre eux par des retranchements à l'abri de l'attaque de vive force, constitueraient l'enceinte ou plutôt le *noyau* de la position.

En avant de ce noyau, on construirait 2 ou 3 camps retranchés, occupant les zones les plus favorables aux mouvements offensifs de l'assiégé.

L'impossibilité du blocus dépendant uniquement de l'étendue de la ligne d'investissement, les 3 solutions indiquées ci-dessus auraient, à ce point de vue spécial, la même valeur si la ligne enveloppant les camps séparés des 2 dernières solutions avait une longueur égale à celle de

(1) Pour atteindre ce but, il faudrait au moins 2 doubles voies et 2 routes pavées reliant entre eux les divers camps.

la ceinture de forts de la première; mais si l'on envisage sous toutes ses faces le difficile problème de la fortification des capitales et de la défense des camps retranchés, les différences entre les 3 solutions indiquées ci-dessus paraissent très-grandes.

Nous nous occuperons d'abord des 2 dernières, puis nous ferons ressortir la supériorité de celles-ci et particulièrement de la deuxième sur la première solution, qui est sinon la seule, du moins la plus généralement admise aujourd'hui.

Dans la deuxième solution, la ville, quoique enveloppée de camps retranchés, ne fait point partie du système défensif. Elle ne serait donc pas attaquée après la prise de l'un des camps, non parce que l'humanité, à défaut du droit public, interdit le bombardement des villes ouvertes, mais parce que l'assiégeant n'aurait aucun intérêt à commettre cet acte de barbarie (1). D'un autre côté, le soulèvement ou l'hostilité de la population ne causerait aucun danger à l'armée défensive, qui, avant le siége, ferait entrer dans ses camps toutes les ressources en vivres, matériaux, hommes de métier, etc., dont elle aurait besoin.

Les avantages de cette combinaison ont été exposés dans notre *Fortification à fossés secs*. Déjà en 1859, nous en

(1) On a vu, de nos jours, les belligérants incendier des villes sans défense : témoin Valparaiso, bombardé par les Espagnols; mais il est à prévoir que la prochaine révision des principes du droit des gens aura pour résultat de faire condamner le bombardement des populations inoffensives.

avions fait une première application en proposant de fortifier Londres au moyen d'un vaste camp retranché, construit à 10 milles de cette capitale (à Croydon) et de 3 têtes de pont doubles, établies sur la Tamise à Gravesend, Woolwich et Kingston (1).

La seule objection que l'on ait faite contre cette idée est la suivante : « L'ennemi pourra se jeter dans la ville nonobstant les camps retranchés et mettre les habitants à contri-

(1) *Situation militaire de la Grande-Bretagne,* publiée dans le t. XVII du *Journal de l'armée belge* (1859).

Trois ans après, en 1862, le lieutenant-colonel Vandevelde reprit cette idée et proposa d'élever 2 camps retranchés autour de Londres, l'un au nord, l'autre au sud de la capitale, et de fortifier à grand développement Woolwich en aval de Londres et Kingston en amont.

« Le camp du nord, disait-il, serait élevé entre les deux affluents de la Tamise, la Laa et la Roding, rivières sur lesquelles il y aurait des ponts fortifiés. Le diamètre de ce camp serait de 5 à 6 milles et il aurait pour centre Waltham-Stow.

» Le camp du sud serait élevé sur les hauteurs en avant et au sud de Croydon et son développement serait un peu plus important que celui du camp du nord.

» Wolwich serait enveloppé par une enceinte continue, couverte, à gauche de la Tamise, par une grande tête de pont, soutenue à droite par 2 ou 3 citadelles élevées sur la colline de Shooters, et précédée, sur le fleuve, de barrages flanqués latéralement par 2 grands forts.

» Kingston serait couvert par une double tête de pont à grand développement, couvrant Londres à l'ouest et permettant à l'armée de passer avec célérité d'une rive à l'autre de la Tamise. » (*La tactique appliquée au terrain,* t. II, p. 326 et 361.)

A la fin de 1871, l'idée de fortifier une capitale au moyen de plusieurs camps retranchés, fut préconisée en Allemagne à propos de la défense de Berlin. (*Voir* l'annexe V.)

bution ; » or, cette objection est inadmissible, puisque les troupes ennemies qui s'aventureraient dans la ville seraient ou bien cernées par des forces supérieures, ou bien refoulées sur l'un des camps retranchés, ce qui causerait leur perte.

La seconde combinaison offre plus de garanties sous ce rapport, parce que l'enceinte met la population à l'abri des brusques irruptions de l'ennemi (1); mais, d'une part, ces irruptions seraient plus dangereuses pour l'attaque que pour la défense et, d'autre part, si l'esprit de la ville était mauvais ou si un parti anarchique s'emparait du pouvoir, comme cela s'est vu à Paris, l'enceinte affaiblirait la défense, soit qu'elle tombât entre les mains des insurgés, soit qu'on dût immobiliser une partie de troupes pour assurer sa défense contre les ennemis de l'intérieur.

Néanmoins, dans certains cas, on préféra cette dernière combinaison, parce qu'elle permet de contenir la population au moyen des forts, qui constituent les éléments principaux de l'enceinte, et d'abriter dans ces forts, répandus sur toute la circonférence de la place, les magasins de vivres, de munitions et de matériel de l'armée.

(1) Plusieurs officiers français et notamment le colonel du génie Prévost ont soutenu que, si l'enceinte de Paris n'avait pas existé, les Prussiens auraient pu s'emparer de cette capitale le 19 septembre, après le combat de Châtillon.

On lit, d'un autre côté, dans le rapport de M. Chaper sur les procès-verbaux du gouvernement de la défense nationale : « 19 septembre.— Le général » Trochu pense que certains forts seront pris, mais que les autres tiendront » et que *l'enceinte doit inspirer confiance.* »

L'enceinte actuelle de Paris ne satisfait pas à cette condition, puisqu'elle se compose d'une ligne continue de fronts et qu'elle n'a pas un seul ouvrage propre à assurer la défense intérieure.

L'emplacement et le tracé des camps extérieurs dépendent de la nature du terrain et de l'importance des ressources dont on dispose pour leur défense.

A cet égard, on ne peut donner qu'un petit nombre de préceptes généraux.

Voici les plus importants :

1er PRÉCEPTE.

OCCUPER LES HAUTEURS ET LES TERRAINS ACCIDENTÉS OU COUVERTS DONT L'ENNEMI POURRAIT TIRER PARTI POUR INVESTIR LA POSITION ET QUI, ÉTANT RETRANCHÉS, PERMETTRONT A LA DÉFENSE DE MENACER LES FLANCS ET LES DERRIÈRES DE L'ASSIÉGEANT S'IL ESSAIE D'AVANCER VERS LA PLACE PAR LES RENTRANTS QUE FORMENT LES CAMPS EXTÉRIEURS.

Paris offre 3 de ces zones : la première comprend le terrain accidenté et boisé qui s'étend entre Louveciennes, Saint-Cyr, le Haut-Buc, Villeras, Palaiseau, Paray, Villeneuve et la Seine (avec tête de pont à Choisy-le-Roi) (1).

(1) *Voir*, pour l'ensemble, fig. I, planche II, et, pour les détails, la carte de France à l'échelle de 1 à 80,000 (feuilles *Paris* et *Melun*).

La deuxième zone comprend les hauteurs qui s'étendent sur la Marne entre Dampmard, Villevaudé, Vaujours, Raincy et Chelles. Le camp occupant ces hauteurs aurait comme annexes les têtes de pont de Sévran, du pont de Mitry et de Claye (1), sur le canal de l'Ourcq, celles de Lagny et de Gournay, sur la Marne.

La troisième zone comprend les hauteurs et les bois situés au nord de Paris, entre le point *d* (2) (contre le chemin de fer de Creil), Écouen, Bouffemont, Frépillon, Montigny-les-Cormeil, Sannois et un point *e*, situé sur la route de Montmorency, à 1,500 mètres environ au N.-N.-O. de Saint-Denis. Le camp retranché occupant cette zone aurait comme annexe la tête de pont de Pontoise, qui permettrait à l'armée de Paris de déboucher promptement et sûrement au delà de l'Oise, sur la rive droite de la Seine en aval de Paris.

Ces camps rendraient inutiles le fort de la Briche, la Couronne du Nord, le fort de l'Est et le fort d'Aubervilliers. Ils formeraient 3 rentrants assez prononcés pour qu'il fût impossible à l'ennemi d'y avancer sa ligne de contrevallation et, moins encore, d'y exécuter des travaux d'approche. Le premier se trouverait au S.-E., entre Gournay, l'enceinte et Villeneuve ; le deuxième au N.-E., entre Sévran,

(1) Cette tête de pont se composerait d'un fortin établi sur un petit plateau, au sud de Messy (point *z*).

(2) A l'ouest du village de Garges se trouve un mamelon qui domine le chemin de fer. Le fort *d* occuperait ce mamelon.

l'enceinte et le fort *d*, et le troisième à l'ouest, entre Sannois, Asnières et le Mont-Valérien.

L'investissement d'un pareil ensemble de travaux défensifs serait absolument impossible, puisque la ligne de contrevalation, supposée tracée à 6,000 mètres des forts extérieurs, aurait un développement de 34 lieues.

2e PRÉCEPTE.

ÉTABLIR, AUTANT QUE FAIRE SE POURRA, LES FORTS SUR DES POINTS CULMINANTS, EN AVANT DESQUELS IL Y AIT UNE ZONE DÉCOUVERTE D'AU MOINS 3,000 MÈTRES DE LARGEUR (1), POUR ASSURER UN CHAMP DE TIR CONVENABLE A L'ARTILLERIE DES FORTS, RENDRE PLUS DIFFICILES LES TRAVAUX D'INVESTISSEMENT, OFFRIR A L'ARMÉE BLOQUÉE LE PLUS GRAND NOMBRE POSSIBLE DE CHAMPS DE BATAILLE ET AUGMENTER L'INCERTITUDE DE L'ASSIÉGEANT AU SUJET DES SECTEURS PAR LESQUELS CETTE ARMÉE CHERCHERA A SE FAIRE JOUR.

3e PRÉCEPTE.

ÉVITER DE CONSTRUIRE LES FORTS IMPORTANTS SUR DES EMPLACEMENTS QUE L'ENNEMI PEUT ENVELOPPER OU QUI EMPÊCHENT CES FORTS D'ÊTRE SOUTENUS PAR LES FORTS VOISINS.

(1) On établira, par conséquent, les forts au delà des bois et des ravins, précepte qui a été violé dans plusieurs places à camps retranchés construites ou projetées depuis 1815.

4e PRÉCEPTE.

DONNER AUX FORTS LES PLUS MENACÉS, LES PLUS IMPORTANTS OU LES PLUS ÉLOIGNÉS, DES DIMENSIONS QUI PERMETTENT D'Y LOGER, DANS DE BONNES CONDITIONS, UN OU DEUX BATAILLONS D'INFANTERIE, INDÉPENDAMMENT DE L'ARTILLERIE DE SIÉGE, CALCULÉE A RAISON DE 3 HOMMES PAR BOUCHE A FEU DE L'ARMEMENT (1).

De petits forts occupés par de faibles détachements d'artillerie et d'infanterie et ayant pour commandants des capitaines ou des majors, ne se trouvent pas dans des conditions morales et matérielles à pouvoir faire une longue et vigoureuse résistance.

Plus une garnison est nombreuse, — les conditions de logement et de nourriture restant les mêmes, — plus son moral sera ferme et plus il y aura de chance qu'elle soit bien commandée.

Depuis la guerre de 1870, quelques ingénieurs et notam-

(1) Un fort de 100 canons, par exemple, devra avoir 2 batteries de siége de 150 hommes chacune ; ce chiffre est un *minimum ;* on pourra s'en contenter par la raison que les pièces flanquantes, celles du front de gorge et une partie de celles des fronts latéraux ne doivent pas intervenir dans la lutte aux grandes distances (la plus longue et quelquefois la seule qu'un fort ait à soutenir). Lorsque la garnison en artillerie est ainsi calculée, l'infanterie ne doit plus fournir que 2 à 3 auxiliaires par bouche à feu, pour assurer les divers travaux qui incombent à l'artillerie (service des pièces, transports de munitions, réparations diverses, etc.).

ment le major du génie Schumann ont nié l'utilité des forts et préconisé l'emploi exclusif de batteries rasantes, reliées par des retranchements. Ces ingénieurs prétendent que les forts ne peuvent pas entamer avec succès une lutte d'artillerie contre les batteries de l'attaque et que leur défense présente des difficultés insurmontables. Nous avons exposé et combattu ces raisons dans la *Fortification à fossés secs*; il serait donc inutile de reproduire ici nos arguments : on les trouvera, d'ailleurs, résumés dans l'annexe VI.

5e PRÉCEPTE.

Régler, autant que possible, les intervalles des forts d'après la nature du terrain.

Tantôt les points qu'il importe d'occuper seront à 2, 3 ou 4 kilomètres l'un de l'autre, tantôt à 6, 7 ou 8 kilomètres.

L'artillerie rayée donnant un tir excellent à 2,000 mètres, distance à laquelle on distingue encore, à l'œil nu, des colonnes de troupes et des travaux de sape, il est certain que des intervalles de 3 à 4 kilomètres assureront au camp retranché une défense très-efficace. En terrain plat, ce sont donc ces intervalles qu'on adoptera de préférence. En terrain accidenté, on pourra admettre des intervalles de 6, 7 ou 8 kilomètres, en construisant dans ces intervalles une ou 2 batteries permanentes, à l'abri de l'attaque de vive force. Ces batteries, considérées isolément, offrent peu de résistance aux attaques pied à pied; mais elles reçoivent des forts voisins un appui assez efficace pour tenir lieu de petits fortins.

Au moment de la guerre, on complètera le camp retranché par la construction de batteries temporaires à faible relief au-dessus du sol. Quoique les bouches à feu de ces batteries soient moins puissantes que celles des forts (1), elles causeront cependant un grand préjudice à l'attaque parce qu'elles l'empêcheront de concentrer son tir sur les batteries et sur les forts permanents et parce que, d'un autre côté, des batteries peu élevées au-dessus du sol sont difficiles à détruire (fait que les siéges de Belfort et de Paris ont démontré à l'évidence).

Il faut que le tiers de la garnison employé aux pièces *(de garde)* ait des abris sur les remparts (traverses casematées et demi-galeries sous les parapets); que le tiers employé dans les laboratoires et aux réparations (*de piquet*) ait des abris sous les remparts, et que le tiers au *repos* ait des abris dans la partie du fort la plus éloignée ou la moins menacée.

Pour assurer à ce dernier tiers quelque tranquillité, il sera utile de construire un réduit.

(1) Les canons de très-gros calibre exigent des plates-formes, des engins et une installation que ne comportent point des batteries provisoires. La place de ces canons est dans les batteries permanentes et dans les forts.

Les petits forts qui occupent soit les intervalles des grands forts, soit les points les moins menacés du périmètre du camp retranché, peuvent seuls se passer de ce supplément de défense.

L'utilité des réduits a été souvent contestée, mais les raisons qu'on a fait valoir pour condamner ces ouvrages n'ont aucune valeur; on a prétendu, en effet :

1° Que les réduits peuvent être détruits de loin et emportés d'assaut, en même temps que les forts ;

2° Que leur construction augmente dans une forte proportion le prix des camps retranchés ;

3° Que la tête du réduit et le glacis qui la couvre occupent la plus grande partie de la cour intérieure, laquelle se trouve ainsi réduite à des dimensions insuffisantes.

Faisons remarquer d'abord que la dernière objection a disparu depuis que l'attaque des forts de Paris a démontré l'inutilité des cours intérieures. Il a même été constaté que la circulation dans ces cours, pendant le bombardement, offrait plus de dangers que la circulation sur le terre-plein des remparts.

Quant à la première objection, il est facile de la lever en donnant aux réduits un tracé et un profil qui les mettènt à l'abri des feux plongeants.

La deuxième est la seule qui soit fondée; les réduits exigent, en effet, un surcroît de dépenses, mais beaucoup moins important qu'on ne le croit généralement. En effet, les locaux dont ils se composent étant destinés au logement des troupes au repos devraient, si le réduit n'existait pas, être construits sous le rempart du front de gorge, comme les Allemands le font à Strasbourg, ou sous le terre-plein des cavaliers intérieurs, comme les Français l'ont fait à Metz. Quant aux locaux de la contrescarpe du réduit (1), ils sont utiles soit pour emmagasiner les munitions de bouche, les matériaux et les engins qu'il importe de mettre à l'abri de la bombe, soit pour loger les troupes de renfort qu'il est nécessaire de faire venir vers la fin du siége, en prévision d'un assaut.

L'utilité des réduits est, du reste, si grande qu'un léger accroissement de dépense ne doit pas y faire renoncer. Il serait impossible, en effet, d'obtenir de la garnison la plus brave et la plus dévouée une défense énergique des brèches si on ne lui procurait pas un refuge où elle pût attendre des secours de l'armée campée et se mettre en mesure de reprendre ensuite le fort par un retour offensif. D'illustres ingénieurs ont jugé les réduits et les retranchements nécessaires pour opiniâtrer la défense des chemins couverts, des demi-lunes et des bastions. Les consi-

(1) Lorsque le réduit sera très-petit,— et, dans bien des cas, il pourra l'être sans inconvénient, — on donnera plus de profondeur aux locaux de la contrescarpe. Nous avons, dans la *Fortification à fossés secs*, donné des types de petits réduits entièrement fermés et dont la plate-forme supérieure n'est armée que de 2 canons de 15 centimètres, protégés par une coupole ; ces types peuvent, à la rigueur, être appliqués à des forts de dimensions moyennes et même à de grands forts.

dérations morales qu'ils ont invoquées en faveur de cette opinion sont bien plus importantes encore lorsqu'il s'agit d'un fort situé à 5 ou 6 kilomètres des forts voisins et à 6 ou 7 kilomètres de l'enceinte.

On ne pourrait pas, du reste, si le réduit faisait défaut, disposer le front de gorge de manière qu'il fût possible de reprendre le fort par des retours offensifs au moment où l'ennemi y ferait irruption. Or, nul ne contestera l'utilité de ces retours offensifs dans une place où tout est disposé pour une défense active et prolongée. Ce serait en vain qu'on chercherait à en assurer le succès sans le concours d'un ouvrage inattaquable de vive force, débordant le front de gorge, surveillant et battant de près les portes et les larges rampes nécessaires pour jeter rapidement des troupes dans l'intérieur du fort.

Le réduit sert encore à un autre usage, qui n'est pas à dédaigner :

Lorsque sa tête est aplatie, comme celle d'un champignon, et que son parapet est tenu au-dessous des plans de défilement du fort, on peut y installer des pièces de gros calibre pour diriger sur les batteries éloignées de l'attaque un feu indirect qui — la défense de Belfort et vingt expériences de polygone l'ont prouvé — a une très-grande efficacité.

5e PRÉCEPTE.

LORSQUE LE FORT N'A PAS DE RÉDUIT, CONSTRUIRE EN TRAVERS DU FORT UN RETRANCHEMENT DONT LA CRÊTE NE PUISSE ÊTRE VUE D'AUCUN POINT DU TERRAIN EXTÉRIEUR ET QUI CONCOURE AVEC LE FRONT DE TÊTE A LA DÉFENSE ÉLOIGNÉE.

Ce retranchement doublera, en quelque sorte, l'efficacité des feux de front et permettra de faire alterner le jeu des batteries, ce qui déroutera l'attaque et rendra plus facile à la défense la réparation des dégâts causés par le feu.

Sous le terre-plein du retranchement, on établira des logements pour les troupes au repos.

Si l'ouvrage n'est pas assez profond pour qu'on y puisse construire une batterie à tir indirect, on atteindra le même but en donnant au front de gorge un parapet intérieur, séparé du parapet extérieur par un terre-plein de 17 à 18 mètres de largeur (1). Le parapet intérieur servira, dans ce cas, au tir indirect et on employera à ce tir les bouches

(1) Pour protéger les hommes et les bouches à feu (lorsqu'elles ne sont pas en action) contre le tir plongeant des batteries ennemies, on creusera, entre les 2 parapets, une tranchée d'au moins 3 mètres de largeur et de 1 mètre de profondeur, qui communiquera avec les terre-pleins des batteries par des rampes de $2^{m}50$ de largeur.

Cette disposition a été adoptée pour un des forts de la rive gauche de l'Escaut devant Anvers.

à feu du front de gorge, ce qui permettra de réaliser une importante économie sur le matériel.

Dans les forts à réduit, lorsque la tête de cet ouvrage n'aura pas un grand développement ou lorsqu'on ne voudra pas troubler le repos des hommes qui l'occupent, en tirant nuit et jour contre les travaux éloignés de l'attaque, on disposera, pour le feu indirect, des bouts de retranchements appuyés, d'une part, aux fronts latéraux et, d'autre part, au glacis de la tête du réduit. (*Voir* les planches XIII et XV de l'Atlas de la *Fortification polygonale* et les planches XV, XVI et XIX, fig. I, de l'Atlas de la *Fortification à fossés secs.*)

II

Les emplacements des camps extérieurs, avons-nous dit, sont déterminés, dans la plupart des cas, par la nature du terrain.

Il pourrait arriver cependant qu'il y eût divers emplacements qui, au point de vue tactique, eussent à peu près la même valeur et dont les uns fussent rapprochés et les autres éloignés de la capitale. Ce cas se présenterait si la capitale était située dans une contrée peu ou moyennement accidentée, comme le sont, par exemple, Londres et Berlin.

On peut, dès lors, se demander si, ayant le choix des

emplacements, l'ingénieur donnera la préférence aux camps rapprochés ou aux camps éloignés.

Selon nous, cette question doit être résolue en faveur des camps rapprochés :

1° Parce qu'il est plus facile de surveiller et de protéger les intervalles des camps rapprochés et que, par conséquent, l'ennemi éprouvera plus de difficultés à se glisser furtivement ou à pénétrer de vive force par ces intervalles, soit pour inquiéter la population ou la piller, soit pour faire une diversion sur les derrières des troupes campées, soit pour détruire les chemins de fer, les gares, les magasins ou causer d'autres dommages à la défense (1);

2° Parce qu'il faudra moins de temps pour concentrer les forces mobiles des camps extérieurs, ce qui donnera à la défense plus d'initiative et de mobilité ;

3° Parce que, les camps rapprochés se soutenant mieux les uns les autres, il sera impossible à l'ennemi d'en envelopper un à moitié ou aux 2 tiers sans exposer ses lignes aux attaques de flanc ou de revers des camps voisins et même quelquefois aux feux de l'artillerie de ces camps ;

4° Parce qu'en cas de revers (après une grande sortie repoussée), les corps battus de la garnison se retireront plus facilement et plus promptement dans des camps rapprochés les uns des autres que dans des camps éloignés, entre les-

(1) D'où il résulte que l'enceinte de sûreté sera d'autant plus utile que les camps se trouveront à une plus grande distance de la capitale.

quels pourraient s'établir momentanément des corps victorieux.

D'après ces considérations, nous sommes d'avis que la disposition la plus avantageuse, pour la défense d'une grande capitale comme Paris, serait la suivante (*voir* planche II, fig. 2) :

Trois camps retranchés, établis à peu près symétriquement à une distance telle de la ville, que les forts tournés de ce côté en fussent séparés par une zone de 8,000 à 9,000 mètres, portée extrême du canon de place.

Cantonner ou camper les troupes mobiles dans cette zone en arrière des camps, ou, ce qui serait préférable, dans leurs intervalles.

Grâce à cette disposition, une des 3 fractions de l'armée pourra, dans l'espace d'une nuit, être rejointe par les 2 autres, alors même qu'on n'employerait pas le chemin de fer de ceinture. Il suffira que la zone centrale ait 3 bonnes routes longeant les forts intérieurs.

Pour ce qui concerne la forme des camps retranchés, le nombre et l'emplacement des forts, on ne peut donner d'autres recommandations que les suivantes :

A. Les camps auront 4 côtés ; le plus important, dirigé vers l'ennemi, s'appellera *côté extérieur;* le côté opposé, dirigé vers la ville, portera le nom de *gorge*, et les 2 autres, dirigés vers les intervalles des camps, seront désignés sous le nom de *côtés latéraux;*

B. Le côté extérieur aura plus de longueur que les autres et les forts qui l'occuperont seront plus importants; on espacera ces forts d'environ 5,000 mètres. Si des raisons locales obligent à les écarter davantage, on établira dans leurs intervalles une ou 2 batteries permanentes à l'abri de l'attaque de vive force ;

C. Indépendamment de ces batteries, il y aura, dans tous les intervalles menacés, des épaulements pour pièces de position et pour pièces légères, que l'on construira au moment de la mise en état de défense. Nous recommandons aussi l'emploi de batteries basses, établies à droite et à gauche des forts, à l'extrémité des glacis des fronts latéraux et dans le prolongement des fronts de gorge (1) ;

D. Les forts du côté de la gorge seront organisés de manière à servir de dépôts de vivres, d'armes et de munitions. A cause de cette destination et pour qu'il y ait dans chaque camp une zone à l'abri des feux de l'attaque, les forts dont il s'agit se trouveront à plus d'une portée de canon des forts extérieurs. Les intervalles de ces forts pourront être de 7 à 8 kilomètres.

Supposons que la capitale ait 5 kilomètres de rayon et

(1) Nous avons proposé pour la première fois l'emploi de ces batteries dans nos *Études sur la défense des États*, etc., publiées en 1863 (*voir* planches X, XI et XXXV).

la zone centrale 9 kilomètres de profondeur ; la circonférence à laquelle s'appuieront les gorges des camps aura, dans ce cas, une étendue de 84 kilomètres. En donnant à ces gorges une longueur de 14 kilomètres, occupée par 3 forts, et aux côtés extérieurs une longueur de 20 kilomètres, occupée par 5 forts, et en supposant que la distance moyenne entre les 2 côtés soit de 9 kilomètres, on aura le dispositif représenté par la fig. 2, planche II.

On remarquera que les côtés latéraux ont été brisés en dehors pour que les forts *x*, *x* avancent dans les intervalles et soutiennent mieux les forts voisins *y*, *y*.

Les forces de la défense sont sensées divisées en 3 armées, de 2 corps chacune.

L'un des corps de chaque armée est employé, à tour de rôle, pour former le cordon de surveillance de la position.

L'autre corps est établi dans des cantonnements serrés ou dans des baraques construites soit en arrière des camps (*voir* planche II, fig. 2, *a*, *b* et *c*.), soit en arrière des intervalles (*voir* même fig. *a'*, *b'* et *c'*).

Si la zone d'investissement a 7,500 mètres de profondeur, comme dans l'exemple de la planche I, et si elle est à 2,500 mètres des forts, l'axe de cette zone aura environ 35 lieues de développement. C'est assez dire qu'il serait impossible à la plus grande armée du monde et même à plusieurs armées coalisées de bloquer une place de l'étendue de Paris, Londres, Berlin ou Vienne, à laquelle on appliquerait le plan-type que nous venons d'esquisser à larges traits.

On nous fera remarquer sans doute que ce plan-type ne comporte pas d'enceinte de sûreté.

Il y a lieu de donner à cet égard quelques explications.

Lorsque le réduit central de la défense est la capitale d'un grand empire, lorsque cette capitale a 2 millions d'habitants, comme Paris, ou 3 1/2 millions, comme Londres, et lorsque la démagogie exerce à certains moments une grande influence sur l'esprit de la population, il faut ou bien renoncer à l'enceinte de sûreté ou bien constituer cette enceinte de telle sorte, qu'elle puisse se défendre contre les ennemis de l'intérieur.

Déjà Vauban avait reconnu cette nécessité. Dans son remarquable mémoire *De l'importance dont Paris est à la France*, il disait, en effet: « Parce qu'une ville de la gran-
» deur de Paris, fortifiée de cette façon (avec 2 enceintes,
» dont l'une « à la très-grande portée du canon de l'autre »)
» pourrait devenir formidable même à son maître, s'il n'y
» était pourvu, *faire deux citadelles*, à 5 bastions chacune,
» dans la deuxième enceinte, savoir : l'une sur le bord de la
» Seine, au-dessus de la ville, et l'autre au-dessous, dans
» l'endroit le plus propre... *On pourrait même ajouter encore*
» *un réduit ou deux* dans les endroits de la même enceinte les
» plus éloignés des citadelles, s'il en était besoin : ces places,
» bâties à profit et splendidement, sans rien épargner qui
» pût faire tort à leur solidité par les suites, bien garnies
» de canon, d'une douzaine ou 2 de mortiers chacune, et
» de 14,000 ou 15,000 bombes avec toutes les poudres et

» munitions nécessaires, *il ne faudrait pas craindre que* » *Paris se portât jamais à rien qui pût blesser son* » *devoir.* »

Les auteurs de l'enceinte construite en 1840 n'ont pas eu cette prévoyance. Leur dédain pour la défense intérieure a coûté cher à la France et à la société. Le 18 mars 1871, une poignée de démagogues ont pu s'emparer de cette enceinte et forcer les troupes régulières, casernées dans la ville, à battre en retraite sur Versailles. Ce coup de main, prévu et annoncé à M. Thiers par le général Trochu (1) aurait complétement échoué si l'enceinte de Paris, comme celles de Posen, de Cracovie, de Kœnigsberg et d'Anvers, avait compris quelques ouvrages fermés, citadelles, redoutes ou casernes défensives, pouvant résister à une attaque de la bourgeoisie insurgée et si l'on n'avait pas commis la faute de loger les défenseurs de l'enceinte dans des quartiers populeux. Le contact de la troupe avec les habitants est toujours funeste dans les circonstances où l'on doit pouvoir exiger d'elle de grands sacrifices, une obéissance, une fidélité et une résignation absolues. C'est pourquoi on devra ou bien supprimer les enceintes des capitales fortifiées ou bien les composer d'ouvrages à défense intérieure.

Examinons ces 2 cas et, afin de fixer les idées, prenons pour exemple Paris, en avertissant toutefois nos lecteurs

(1) *Voir* l'enquête sur le 4 septembre (déposition du général Trochu).

que les raisonnements et les propositions que nous ferons au sujet de cette ville sont purement théoriques. Nous n'avons pas de conseil à donner aux ingénieurs français, ni de plan à leur soumettre pour résoudre une question qui les regarde seuls et qu'ils sont sans nul doute mieux préparés à traiter que ne peuvent l'être des ingénieurs étrangers. Si nous avons choisi cet exemple de préférence à tout autre, c'est que nul site n'est aussi bien connu des militaires que celui de Paris, objet de tant d'études et de discussions depuis 1840 et surtout depuis la dernière guerre.

On est généralement d'avis que l'enceinte de sûreté n'a pas été inutile aux défenseurs de Paris pendant le blocus de 1870; plusieurs militaires ont même soutenu, dans leurs écrits ou dans leurs dépositions devant les commissions d'enquête nommées par l'Assemblée nationale, que, sans cette enceinte, les Prussiens se seraient jetés dans la ville après la bataille de Châtillon.

Il est certain que l'enceinte a un rôle important à jouer dans toute place dont le camp retranché est composé d'une ceinture de forts.

Nous avons vu plus haut qu'il n'en est plus de même lorsque la défense extérieure repose sur plusieurs camps séparés, se soutenant les uns les autres.

Pour que l'enceinte de Paris se trouvât dans de bonnes conditions, il faudrait ou bien qu'on y intercalât des ouvrages fermés (forts ou redoutes), ou bien qu'on y substituât une enceinte plus large, organisée pour la défense intérieure. C'est à cette dernière combinaison que nous donnerions la préférence, parce que l'enceinte actuelle est trop rapprochée de l'agglomération bâtie pour se prêter à une défense active et aussi parce que l'extension de la capitale rendra bientôt nécessaire l'élargissement d'une partie de ses remparts.

On obtiendrait un bon résultat à peu de frais en conservant les fronts ouest et nord de l'enceinte, entre *le Point du Jour* et *la Villette* (1) et en remplaçant les autres par un retranchement très-simple (2), qui relierait entre eux les forts de Romainville, de Noisy, de Rosny, de Nogent, de Charenton, d'Ivry, de Bicêtre, de Montrouge, de Vanves et d'Issy.

Cette extension de l'enceinte doublerait à peu près l'espace intérieur de Paris et, dans les conditions où elle se ferait, aurait pour résultat de mettre désormais la capitale de la France à l'abri des coups de main de la démagogie. Il suffirait, en effet, de caserner la garnison dans les 10 forts désignés ci-dessus, pour assurer à l'armée la possession de

(1) Les fronts ouest ne pourraient être portés en avant à cause des hauteurs qui s'étendent entre Saint-Cloud et Courbevoie ; quant à ceux du nord, pour les déplacer, il faudrait enclaver dans l'enceinte Aubervilliers et Saint-Denis, ce qui étendrait trop les fortifications de ce côté et donnerait lieu à une dépense excessive, nullement justifiée.

(2) Rempart en terre avec escarpe détachée de 5 mètres de hauteur et contrescarpe à talus doux, pour favoriser les grandes sorties.

l'enceinte jusqu'à la fin du siége et la soustraire pendant tout ce temps aux funestes influences de la bourgeoisie.

A l'enceinte, agrandie et renforcée de la sorte, viendraient se rattacher les 3 camps séparés du Sud, du Nord et du Nord-Est (*voir* planche II, fig. 1).

C'est une des solutions du problème de la défense des grandes capitales (1).

La deuxième solution consiste à supprimer l'enceinte et à faire reposer toute la défense sur la combinaison des 3 camps retranchés.

Dans cette combinaison, les forts d'Issy, Vanves, Montrouge, Bicêtre et Ivry disparaissant, le camp retranché du Sud devrait être fermé du côté de la ville par un fort *c*, établi sur le contre-fort au sud de Sèvres et à gauche de Meudon; par un fort *a*, occupant l'origine du contre-fort qui domine Châtillon et Clamart, et par un fort *b*, construit sur le plateau qui se trouve à l'ouest de Villejuif.

La population, livrée à elle-même, pourrait, dès lors, se soulever sans causer aucun préjudice à l'armée et celle-ci n'aurait plus besoin de détacher une partie de ses forces pour la contenir.

On prétend que l'ennemi, dans ce cas, lancerait des *partis* dans la capitale pour y lever des impôts ou y faire des réqui-

(1) Cette solution rendrait inutile le fort d'Aubervilliers et les ouvrages de défense qui couvrent Saint-Denis.

sitions. Mais cette objection est inadmissible ; en effet, les intervalles des camps retranchés étant gardés par un cordon de surveillance, aucun *parti* ne pourrait atteindre la ville sans être découvert, attaqué et battu. Et alors même qu'il réussirait à percer le cordon et à pénétrer dans la ville, il aurait certainement sa retraite coupée, eût-il pour lui, ce qui est peu vraisemblable, l'appui de la population.

La suppression de l'enceinte, dans le cas de l'établissement de plusieurs camps retranchés éloignés, a l'avantage de favoriser le développement des capitales ou, du moins, de n'opposer aucune entrave à ce développement. C'est la principale raison qui nous a fait admettre cette suppression dans le plan-type (planche II, fig. 2). On l'approuvera sans doute si l'on songe que, depuis 40 ans, la population de certaines capitales a *doublé* et celle d'autres *triplé*. Ainsi, Londres, qui, en 1833, avait 1,624,000 habitants, en a aujourd'hui 3,350,000. Paris, qui, à la même date, comptait 880,000 âmes, en a 1,795,000. Les chiffres correspondants sont, pour Saint-Pétersbourg, 480,000 et 691,000 ; pour Vienne, 310,000 et 901,000 ; pour Moscou, 280,000 et 611,000 ; pour Berlin, 350,000 et 907,000.

Ces résultats prouvent que la fortification des grandes capitales exige l'emploi d'un type différent de celui qui a prévalu pour Paris en 1840.

III

Le moment est venu de dire ce que nous pensons de la première des 3 solutions indiquées au commencement de ce chapitre, celle qui consiste à entourer les capitales d'une ceinture de forts assez éloignée pour rendre le blocus impossible. Cette solution a été préconisée récemment en Angleterre par le colonel Drummond Jervois et par le major Palliser (1). Les ingénieurs français, à l'exception d'un ou de deux, n'en proposent point d'autres et on peut dire que la discussion de cet important problème n'a roulé, jusqu'ici, que sur 2 points :

1° La grandeur, le tracé et l'organisation intérieure des forts détachés ;

2° L'utilité ou l'inutilité de l'enceinte de sûreté.

La solution qui admet une ceinture de forts, qu'elle se combine avec l'établissement d'une enceinte de sûreté, comme l'admettent les ingénieurs français, ou qu'elle exclue cette enceinte, comme l'entendent MM. Jervois et Palliser, est, selon nous, inférieure aux 2 autres solutions.

(1) Le colonel Jervois a proposé d'entourer Londres de 50 forts occupant une circonférence de 4 lieues de rayon, et le major Palliser d'envelopper cette capitale de 31 ouvrages détachés occupant une ceinture elliptique dont le grand axe aurait 20 lieues de longueur et le petit axe 10 lieues environ.

Sans doute, une ceinture de forts exigerait moins d'ouvrages et, par conséquent, moins d'argent, moins de matériel et moins de troupes de garnison que notre triple camp retranché; mais, d'un autre côté, cette ceinture offrirait moins de garanties à la défense et présenterait même des dangers dont le système que nous préconisons est complétement exempt.

En effet, si 2 ou 3 ouvrages d'une ceinture de forts étaient attaqués et pris, l'assiégeant pourrait écraser l'armée défensive dans son camp unique, continuer ses cheminements contre l'enceinte de sûreté ou, si cette enceinte n'existait pas, se jeter dans la ville.

Ces mêmes opérations seraient impossibles dans le dispositif de 3 camps séparés; car si l'ennemi, après avoir emporté 2 ou 3 forts, cherchait à pénétrer dans un des camps, il serait pris en flanc par les forts des côtés latéraux de ce camp et arrêté de front par les forts de la gorge. L'armée défensive pourrait refuser le combat en se retirant dans les autres camps et rien, dès lors, ne serait compromis. Il faudrait que l'assiégeant s'emparât des forts latéraux et des forts de gorge pour être maître de tout le camp attaqué; il aurait ensuite à recommencer les mêmes opérations contre les 2 autres camps; or, on peut soutenir, sans aucune exagération, qu'une pareille succession d'efforts et de sacrifices épuiserait l'armée la plus formidable.

Si l'on voulait obtenir la même succession d'efforts dans

un camp formé d'une ceinture d'ouvrages détachés, il faudrait : 1° donner à la capitale une enceinte de sûreté; 2° construire entre cette enceinte et la ceinture des forts plusieurs *lignes rayonnantes* permettant à l'armée défensive de se retirer latéralement pour continuer la lutte. Mais ces lignes diviseraient de fait le camp unique en plusieurs camps accolés et réaliseraient ainsi d'une manière incomplète ou défectueuse l'idée qui sert de base à notre plan-type.

Un autre avantage des camps multiples, que ne présente pas le camp unique formé d'une ceinture de forts, est la possibilité de soustraire l'armée défensive aux dangereuses excitations des habitants et de rendre son sort indépendant des révolutions qui pourraient éclater avant ou pendant le siége. Cela provient de ce que, dans l'hypothèse des 3 camps, la capitale ne se trouve dans aucun de ces camps, tandis que, dans l'autre hypothèse, elle occupe le centre du camp unique.

Enfin, lorsqu'il n'existe qu'une ceinture de forts, les grands dépôts d'armes, de munitions, de vivres, d'objets d'équipement et d'habillement sont exposés aux coups de main de l'ennemi dès que la ligne est percée par la prise de 2 ou 3 forts, et aux entreprises de la population dès que celle-ci est résolue à hâter la reddition de la place en entravant la défense.

Dans l'hypothèse de 3 camps isolés, ce double danger n'est point à craindre parce que les dépôts, occupant les forts de gorge de ces camps, sont à l'abri de toute attaque d'emblée.

Notre plan-type se rapproche davantage de ceux qu'ont préconisés récemment le général Tripier et Mr R. H., auteur de l'*Étude sur le rôle stratégique et sur l'organisation défensive de la région de Paris*, publiée dans *le Spectateur militaire* (juillet et août 1873).

L'un et l'autre proposent, indépendamment d'une *ligne de défense tactique* (ceinture de forts destinée à mettre la capitale à l'abri du bombardement), une *ligne de défense stratégique*, base d'opérations de l'armée défensive se portant au delà du camp retranché proprement dit. Leurs projets (*voir* l'annexe VII) ne diffèrent l'un de l'autre que par l'étendue et l'organisation de la ligne d'occupation extérieure. Celle du général Tripier a environ 150 kilomètres de développement et est composée de grands forts ; celle de M. R. H. a 226 kilomètres et est défendue par 9 forteresses (1), situées à 5, 6 et 7 lieues de Paris et à 4, 5 et 6 lieues l'une de l'autre.

Nous n'examinerons pas ces projets en détail ; il nous suffira de constater que notre solution permet d'atteindre plus simplement et à moins de frais le but essentiel, qui est de *rendre le blocus impossible*. Elle exige moins de travaux de défense, moins de matériel et moins de troupes

(1) Beaumont, Dammartin, Lagny, Châtre, Corbeil, Torfou, Rambouillet, Neauphle et Meulan.

de garnison. Elle se prête à un plus grand nombre de combinaisons défensives et elle offre plus de garanties contre un siége en règle, seule attaque possible quand le blocus ne l'est pas.

Ces diverses considérations permettent de conclure que, *à tous les points de vue, la combinaison la plus avantageuse est celle de 3 camps séparés, enveloppant la capitale non retranchée* (combinaison réalisée par le plan-type planche II, fig. 2).

REMARQUES FINALES.

1

Nous avons supposé la capitale occupée par toutes les forces qui doivent la défendre. Cette hypothèse ne se réalisera qu'après que les armées en campagne auront essuyé des désastres qui les obligeront à se replier sur leur pivot central. Si l'on tient compte de la situation morale et matérielle dans laquelle se trouveront en ce moment les deux belligérants, on reconnaîtra que nos conclusions, loin de faire la part trop belle à l'attaque, sont, au contraire, trop favorables à la défense, puisque, dans le calcul des forces nécessaires à l'investissement, nous supposons que les troupes et les généraux en présence auront la même valeur.

2

Aussi longtemps que les armées tiendront la campagne, la garnison du pivot central se composera des troupes nécessaires à la garde des forts et d'une réserve de 3 divisions. Ces divisions s'établiront dans les intervalles des camps retranchés en *a'*, *b'*, *c'*, (*voir* planche II, fig. 2), de manière à pouvoir se réunir promptement pour repousser un corps ennemi qui tenterait de pénétrer dans la capitale à l'effet d'y lever des impôts ou de frapper les esprits par un coup audacieux.

3

La possibilité d'envahir la ville quand la réserve centrale est battue fournit un argument en faveur de l'établissement d'une enceinte de sûreté; mais, d'une part, cette entreprise offre tant de chances défavorables et, d'autre part, son influence, en cas de succès, sera si peu décisive, qu'il n'y a pas lieu de s'en préoccuper beaucoup. On pourra, du reste, créer, au moment de la guerre, sur les points les plus exposés du périmètre de la capitale, des retranchements provisoires, qui tiendront lieu de l'enceinte de sûreté.

Bruxelles, août 1873.

ANNEXES

ANNEXE I

—

POSSIBILITÉ DE DÉFENDRE LA FRANCE

APRÈS

LA CHUTE DE PARIS.

Le général Chanzy dit que les Prussiens avaient le plus grand intérêt à propager l'idée que la reddition de Paris serait la fin de la guerre. Ce général et plusieurs de ses collègues étaient d'avis que la lutte pouvait et devait continuer après la chute de la capitale. Son plan d'opérations, daté de Leval 2 février, en fournit la preuve (1).

On peut nier que cette lutte eût produit les résultats qu'en attendaient ceux qui la conseillaient; mais, au moins, l'on ne contestera pas que si les armées formées après le désastre de Sedan, au lieu d'avoir pour unique objectif la délivrance de Paris, s'étaient portées sur les communications de l'ennemi, elles auraient rendu plus de services à la France. Ces armées eussent été, en effet, un grand embarras et un danger sérieux pour les Allemands, obligés

(1) Voir *La deuxième armée de la Loire*, p. 418.

d'immobiliser 180,000 hommes devant Metz et 240,000 devant Paris.

Un général prussien fait, à ce propos, la remarque suivante (1):

» Paris est investi, il faut délivrer Paris : telle est l'unique » pensée qui domine tous les esprits, depuis le haut jusqu'au bas » de l'échelle sociale.

» Cette idée fixe de nos ennemis, qui touchait presque à la » démence, facilita et simplifia beaucoup la tâche des Allemands. » Ils pouvaient, à leur gré et suivant les besoins du moment, » augmenter ou restreindre l'étendue du théâtre de la guerre : » nulle part ils n'étaient obligés d'être en force, excepté devant » Paris, où ils devaient toujours se trouver en état de parer à » toutes les éventualités : le succès final ne pouvait dès lors » faire le moindre doute. Grâce à ce désir aveugle de délivrer la » capitale, la guerre se maintint pendant des mois entiers, au » grand avantage des Allemands, sur un terrain très-limité : ce » ne fut que tout à la fin, lorsque de nombreuses défaites eurent » fait perdre tout espoir de dégager directement Paris, qu'on » essaya une entreprise d'un autre genre. Si elle eût réussi, » elle eût certainement reculé de beaucoup l'heure du dénoue- » ment.

» Nous avons déjà expliqué plus haut que le meilleur moyen » sinon de délivrer immédiatement la capitale, du moins de » diviser les forces qui la bloquaient, eût été d'employer les » troupes dont on pouvait disposer à entraver les communica- » tions des Allemands. Mais soit que l'on attendît de l'armement » général de la nation des succès pareils à ceux de 1793, soit que » l'ardent désir de dégager Paris ait étouffé toute autre pensée » que celle de frapper de grands coups pour obtenir de grands

(1) *Guerre de* 1870-1871. *Etude militaire*, p. 284.

» résultats, toujours est-il que le Gouvernement de la défense
» nationale consacra, avant tout, ses efforts à la création d'armées
» nombreuses, destinées à délivrer directement la capitale. »

ANNEXE II

—

OPINION DU GÉNÉRAL TROCHU

SUR

LES SORTIES FAITES A PARIS.

EXTRAIT DU LIVRE INTITULÉ :

POUR LA VÉRITÉ ET POUR LA JUSTICE.

" Les masses prussiennes enveloppantes ne se montraient jamais, suivant le mode d'action si différent du nôtre, et bien plus redoutable, adopté par l'ennemi. Mais il avait bordé toutes les hauteurs *ayant des vues sur nos routes de sortie* d'un appareil étagé d'artillerie dont les premières lignes étaient hors de portée des gros canons de nos forts et les dernières fort au loin dans la campagne. Ces gros canons de nos forts et batteries annexes formaient au-dessus de nos troupes, opérant une sortie, une pluie de fer contre laquelle l'artillerie de campagne prussienne ne pouvait rien. Nos troupes, bien que sans cohésion et sans expérience, étaient pleines d'élan. Elles se portaient rapidement jusqu'à cette limite de protection et là, rencontrant les premiers sévices de l'ennemi, elles faisaient un énergique effort qui avait l'apparence de la victoire. *Mais lorsqu'il fallait apporter cet effort plus loin, le renouveler en l'agrandissant, avec de grosses pertes, et désormais avec l'unique appui d'une artillerie de campagne presque aussitôt démontée par l'artillerie prussienne, tout devenait impossible.*

» Voilà le secret des retraites qui terminaient *toujours*, au grand mécontentement et sous les railleries de la presse et du public, nos entreprises *toujours* hardiment et brillamment commencées. Voilà le secret aussi de l'ordre dans lequel ces retraites, dont pas une n'a dégénéré comme partout ailleurs en déroute, s'effectuaient. Dès qu'elles avaient retrouvé la protection morale (qui a souvent suffi) et matérielle du gros canon des forts, l'ennemi s'abstenait.

» Le public, qui a lu tant de savantes dissertations stratégiques et tactiques sur le siége de Paris, peut les remplacer *toutes* par cette simple explication de *fait* et de bon sens. Il en saura plus, je l'affirme, que les habiles qui font les livres sur la matière. »

Nous avons cité cet extrait parce qu'il confirme deux de nos principes, à savoir :

1° Que la ligne des avant-postes doit se trouver au delà de la portée *efficace* de l'artillerie des forts (2,500 mètres) et offrir le degré de résistance nécessaire pour que les réserves spéciales aient le temps d'occuper la deuxième ligne ou position de combat ;

2° Que les batteries doivent se trouver dans la position de combat plutôt que dans la ligne des avant-postes, où elles pourraient être contre-battues avec succès par la grosse artillerie des forts et des batteries intermédiaires.

ANNEXE III

—

METZ,

CAMPAGNE ET NÉGOCIATIONS.

(Attribué au colonel d'état-major d'Andlau.)

EXTRAITS

AVEC NOTES CRITIQUES DE L'AUTEUR.

« Nous avons dit que, pour expliquer son inaction, le maréchal Bazaine avait un jour invoqué les difficultés qu'une armée trouvait à agir d'un point central contre une circonférence occupée par l'ennemi, et nous avons combattu cette idée nouvelle. Nous l'avons entendu, depuis, émettre par certains officiers et nous l'avons même vu défendre dans des publications récentes avec une assurance qui pourrait en imposer si on avait oublié les leçons des maîtres en stratégie et les principes tactiques posés par eux et devenus, pour ainsi dire, des axiomes en art militaire. Il y aurait là une grave erreur, qu'il ne faut pas laisser accréditer et que l'expérience même des faits de cette campagne permet de repousser victorieusement.

» Pour appuyer cette idée et démontrer l'impossibilité où se trouvait l'armée de Metz d'agir contre les lignes prussiennes, voici les raisons qui sont invoquées : » Les troupes qui partent » du centre pour attaquer un point ou une partie d'une circon- » férence sont obligées de marcher en colonne et ne peuvent se » déployer sous le feu concentrique de l'artillerie ennemie, dont » la grande portée les désorganiserait avant qu'elles fussent for- » mées; ces colonnes sont, de plus, exposées à des attaques de » flanc avant qu'elles soient en position et, dans ces conditions, » leur marche devient impossible. »

« On pourrait se contenter de répondre qu'en face d'une immense circonférence (1) une position centrale assure toujours la supériorité du nombre, par suite celle de l'artillerie, et qu'avec ces deux éléments il est facile de se rendre promptement maître du terrain. Libre de choisir son jour, son heure, de prendre des dispositions préparatoires, une armée qui attaque dans ces conditions a pour elle le précieux avantage de pouvoir profiter de la surprise de l'ennemi, en dirigeant ses troupes de la manière la plus utile. »

Surprendre une armée retranchée qui a des observatoires et des espions nous semble chose bien difficile; dans tous les cas, les lignes attaquées résisteront assez longtemps pour que l'assaillant ne puisse pas se *rendre promptement* maître du terrain.

« Mais nous préférons examiner les différentes objections que nous venons de citer et combattre les erreurs sur lesquelles elles s'appuient.

(1) La circonférence occupée devant Metz par les troupes prussiennes ne comptait pas moins de 64 kilomètres. Les lignes fortifiées de leurs avant-postes avaient un développement de 46 kilomètres environ.

» Les troupes destinées à une attaque ne s'avancent en colonne que jusqu'à portée des boulets ennemis ; dès qu'elles entrent dans le champ de tir, elles se déploient. C'est un ancien principe, auquel la portée des pièces nouvelles n'a rien changé. Dans toutes les affaires qui ont eu lieu à Metz, nos troupes se sont déployées au sortir de nos lignes, sans que l'ennemi ait pu s'opposer par son feu à leur mouvement, alors même qu'il était prévenu de nos projets et prêt à les déjouer, comme le 31 août. On a vu, ce jour-là, les divisions des 4e et 6e corps se mettre en ligne et s'avancer, plus tard, dans le même ordre sur les positions de Failly et de Poix ; malgré le tir acharné des batteries prussiennes, elles n'étaient rien moins que désorganisées. Le 27 septembre, à l'attaque du château de Mercy, le 90e de ligne se déploya à hauteur de la Haute-Bevoye et marcha dans cet ordre sur les tranchées prussiennes, qu'on enleva sans tirer un coup de fusil. Le 7 octobre, le maréchal Canrobert fit déployer la division Deligny sur deux lignes au delà du château de Ladonchamps, sous le feu des batteries de la rive gauche et de la rive droite ; trois lignes successives d'ouvrages furent emportées et nos voltigeurs se maintinrent le long du ruisseau des Tapes jusqu'à cinq heures du soir. Après de tels exemples, il faut bien convenir que le feu concentrique de l'artillerie et sa grande portée ne nous ont jamais empêchés de nous déployer en temps utile et à une distance suffisante pour attaquer. »

Sans doute, ce feu concentrique n'empêchera pas les colonnes de se déployer, mais il leur fera subir de grandes pertes et ébranlera le moral des troupes au moment où celles-ci auront besoin de la plus grande vigueur pour attaquer les lignes.

« Qu'entend-on d'ailleurs par ce feu concentrique de l'artillerie? Dans une circonférence d'un grand rayon, comme à Metz, la convexité devient insensible et la partie attaquée forme une ligne presque droite. »

Les effets de la concavité sont très-appréciables pour l'artillerie, à cause de la grande portée de ses pièces.

« La lutte rentre donc dans les conditions ordinaires de combat, avec cette différence, que l'assaillant agit avec toutes ses forces réunies, tandis que l'ennemi n'a, au début, qu'une faible partie des siennes et ne peut en compléter la concentration que successivement, suivant la distance à parcourir ; les troupes les plus éloignées se trouvent même dans l'impossibilité de rejoindre les unes avant le soir, les autres avant la journée du lendemain. »

Quand la zone d'investissement est occupée comme elle doit l'être, les réserves générales des corps voisins de celui ou de ceux qu'on attaque directement, peuvent prendre part à la lutte beaucoup plus vite que ne le suppose l'auteur.

« Quand une armée moins nombreuse se trouve en présence de forces supérieures qui l'enveloppent par ses ailes, comme à Sedan, on comprend qu'elle soit exposée au feu concentrique, qui paralyse les efforts et vienne apporter la désorganisation. Mais à Metz, après l'investissement, la situation était tout autre. Devant une attaque imprévue et vigoureusement conduite,

(La distance entre les forts et les lignes d'investissement est assez grande pour que l'attaque ne soit jamais *imprévue*, surtout si le service des patrouilles et des observatoires est bien fait.)

l'infériorité numérique relative et momentanée de l'ennemi l'obligeait à resserrer ses troupes, au lieu de les étendre. C'est ainsi que les choses se passèrent dans la matinée du 31 août, quand le général de Manteuffel concentra toutes ses forces autour de la position de Sainte-Barbe. Une partie de ses lignes fut dégarnie, et s'il y avait un danger d'être enveloppé, c'était pour lui qu'il existait. »

Il eut été extrêmement dangereux de chercher à déborder Manteuffel, dont les troupes étaient protégées en flanc non-seulement par des obstacles matériels, mais encore par les réserves générales des corps les plus rapprochés de sa position.

« Nous n'avons pas profité, il est vrai, de cette situation; nous n'avons pas utilisé la supériorité en bouches à feu que nous pouvions avoir au début de l'action; mais il n'en faut pas moins reconnaître que les circonstances étaient telles et que les troupes prussiennes avaient seules à redouter des feux concentriques d'artillerie.

» La construction des lignes de l'ennemi, perfectionnée depuis le 31 août, n'avait pas changé pour nous les conditions premières de la lutte : forces supérieures immédiatement disponibles, nombre plus grand de bouches à feu, avantage du choix des positions et des points d'attaque. Elle n'avait fait qu'augmenter les difficultés et nécessiter plus de rapidité dans l'exécution. »

L'auteur ne tient pas assez compte de ce fait, qu'en augmentant la résistance des lignes d'investissement, l'armée de blocus fait perdre à l'armée bloquée une partie des avantages qui résultent de sa position centrale et de la promptitude avec laquelle elle peut se porter en avant.

« Il est certain que le tir de plusieurs batteries aurait pu converger sur nos positions et y produire de sérieux désordres ; mais ce n'eût été là qu'un incident comme il s'en produit dans tous les combats et qui ne dépendait en rien du tracé de la ligne ennemie, quelque peu convexe qu'il pût être. »

Cette convexité a une importance réelle quand on tient compte de la grande portée des bouches à feu.

« Il aurait démontré seulement l'habileté des officiers prussiens et leur judicieuse entente du terrain. Une armée y sera toujours exposée toutes les fois qu'elle aura devant elle un adversaire intelligent, sans qu'il soit besoin qu'elle occupe une position centrale. »

Sans doute ; mais une position centrale l'y expose à coup sûr.

« Le maréchal Canrobert avait un ordre de bataille parallèle à l'ennemi le 18 août ; il n'en a pas moins vu plus de cent pièces venir converger leurs feux sur le village de Saint-Privat, et il a dû l'évacuer sous leur effort.

» Il faut reconnaître toutefois que la longue portée des nouvelles pièces a agrandi leur champ de tir et que, par suite, la facilité de les faire converger sur un même point a augmenté. Les conditions de l'attaque en sont modifiées, puisque les troupes sont plus longtemps soumises à leur effet meurtrier ; mais ce fait se produira, à l'avenir, dans toutes les actions de guerre et il y a là un problème qui s'impose à l'étude des tacticiens. Les combats ne deviendront-ils pas, à l'avenir, que des luttes d'artillerie ? Faudra-t-il négliger les obus et développer sur une plus grande échelle l'emploi des tirailleurs ? Devra-t-on multiplier la construction des tranchées-abris, en faire la base d'un nouveau système de guerre ? Devant la portée et le tir rapide des armes, devra-t-on ne marcher désormais à l'attaque des positions que par les progrès lents et méthodiques d'une sorte de sape de campagne ? Ce sont là des problèmes qui appellent toute l'attention des hommes de guerre, parce que la solution dépend nécessairement de la qualité des troupes. »

La solution de ces problèmes est sans importance au point de vue de la question que nous examinons.

« Les colonnes, a-t-on ajouté, seraient exposées à des attaques de flanc avant d'être en position. Dans le cas particulier de l'investissement de Metz, nous avons dit que nos troupes s'étaient toujours déployées sur les limites du camp retranché; au delà, elles entraient dans le champ de tir des batteries ennemies, qui n'étaient éloignées que de 2 à 3 kilomètres. Les Prussiens étaient, par la même raison, obligés de se former en arrière de leurs ouvrages, et il en résultait que les circonférences concentriques occupées par les deux armées déterminaient les emplacements sur lesquels elles avaient à s'établir. Entre elles s'étendait une large zone qu'il eût fallu traverser de part et d'autre pour opérer sur les flancs de l'adversaire. »

Nous répéterons que les attaques contre les flancs des troupes d'investissement sont impossibles ou excessivement difficiles et dangereuses, à moins que ces troupes ne se portent au delà de leurs lignes, ce qu'elles éviteront de faire.

« En face d'une ligne faible ou dégarnie, c'était une entreprise qui pouvait être tentée; mais devant une armée massée avec toutes ses forces et en position de combat, on ne comprend pas comment une pareille hypothèse se serait réalisée. »

Ce passage manque de clarté et on ne sait quelle conclusion l'auteur en veut tirer.

« Ce qu'il faut admettre, c'est qu'après avoir reçu des renforts l'ennemi pouvait étendre peu à peu sa ligne de bataille, déborder la nôtre et agir par des feux d'écharpe contre nos ailes. »

Ici l'auteur est complétement dans le vrai.

« Mais tout danger de cette nature aurait été écarté en s'appuyant à un obstacle naturel ou en prenant un dispositif de troupes assez imposant pour arrêter les tentatives de l'ennemi et détourner son feu. »

Cela n'est possible que dans des cas exceptionnels.

« Dans le combat de Sainte-Barbe, la gauche, protégée par la Moselle, ne souffrit pas des feux de flanc de l'ennemi. Au point opposé, le 3e corps avait son aile droite couverte par la division Fauvart-Bastoul ; elle ne fut pas inquiétée pendant la première journée parce que les Prussiens n'avaient pu réunir que peu de forces. Le lendemain, le général de Manteuffel disposa d'une partie des renforts qu'il avait reçus pour déborder la droite de nos lignes et l'accabler sous un feu violent d'artillerie. On sait qu'elle plia et que sa retraite amena celle de toute l'armée. Ce résultat ne vient en rien contredire les assertions que nous avons émises plus haut ; car, outre la division Fauvart-Bastoul, il y avait, de ce côté, les divisions Vergé et Castagny, la brigade Lapasset, et on est en droit d'affirmer que si elles avaient été engagées sérieusement, elles auraient attiré à elles le feu de l'ennemi et l'auraient peut-être éteint. En tout cas, le maréchal Le Bœuf eût été dégagé d'autres préoccupations et son attaque eût continué avec l'ensemble de ses forces. On ne peut pas chercher d'enseignement là où rien n'a été fait de ce qui aurait dû l'être.

» Nous ajouterons donc que, contrairement aux raisons récemment émises pour expliquer et excuser l'inaction du maréchal Bazaine, l'armée de Metz n'avait ni à marcher en colonne ni à se déployer sous un feu concentrique d'artillerie pour attaquer les lignes ennemies et qu'elle ne pouvait rien avoir à craindre sur ses flancs au moment critique de l'opération. »

Nos remarques précédentes prouvent que cette conclusion n'est pas justifiée.

« Enfin, nous conclurons en disant que les difficultés étaient grandes, mais qu'elles étaient compensées par les immenses avantages de la position centrale. »

Là est toute la question! Contrairement à l'opinion de l'auteur, nous soutenons que les avantages que donne à l'assiégé sa position centrale ne priment qu'au début de l'investissement les avantages qu'assurent à l'assiégeant ses lignes concaves et retranchées. Dès que ces lignes sont en état de résister pendant une journée aux plus fortes attaques, la supériorité du nombre et l'avantage de la position passent du côté de l'assiégeant lorsque, bien entendu, les forces de celui-ci sont *suffisantes* et *convenablement réparties* entre les divers secteurs. Or, nous avons clairement fait connaître dans le corps de l'ouvrage ce que nous entendons par ces mots soulignés *suffisantes* et *convenablement réparties*.

ANNEXE IV

—

OPÉRATIONS DU CORPS DU GÉNIE ALLEMAND,

PAR

Le capitaine GOETZE.

EXTRAITS.

CONSIDÉRATIONS FINALES.

Nous avons esquissé à grands traits, dans les passages qui précèdent, les opérations de l'état-major du génie et des pionniers devant Metz. Le plan de cet ouvrage ne nous a pas permis d'entrer plus avant dans les détails, qui doivent être réservés pour une histoire spéciale du blocus de Metz.

On l'a dit plus haut déjà : les instructions générales pour l'organisation des différentes positions étaient toujours données sur place même par les commandants des corps ou des divisions, après une reconnaissance préalable et sur l'avis de l'état-major général et des officiers du génie compétents. Quant à la direction des travaux, elle appartenait au commandant du génie du corps pour la position entière, aux commandants des compagnies de pionniers pour la partie de la position occupée par chacune des divisions.

Il est peut-être à regretter que les travaux exécutés pour la fortification des différentes positions n'aient pas été conçus d'après un plan d'ensemble et exécutés dans un système plus uniforme. Mais on ne pouvait déroger, à cet égard, au principe toujours suivi de laisser aux généraux commandant les corps ou les divisions une grande latitude et une responsabilité absolue ; on dut, dès lors, s'abstenir, autant que possible, de restreindre leur indépendance par des instructions spéciales. La position de chaque corps forma, par suite, un système complet, ce qui n'empêchait pas, du reste, de compter sur l'appui des corps voisins. Ce n'est pas à dire, pour cela, qu'il restât des points faibles entre deux positions consécutives; bien au contraire, chacun des corps cherchant à assurer ses ailes le mieux possible, il en résultait ordinairement une accumulation d'ouvrages à leur point de jonction.

En général, la première ligne ne consistait qu'en une position d'avant-postes très-peu fortifiée, suffisante pour garantir les défenseurs contre les attaques de petits détachements, mais trop faible pour qu'on pût s'y maintenir contre des forces très-supérieures. En arrière se trouvait la position de combat, soigneusement préparée pour une défense vigoureuse; enfin, on avait quelquefois encore (1) une dernière position, sur laquelle on pouvait se retirer.

On arrivait aux avant-postes par des communications nombreuses et défilées, et l'on préparait des abris pour les grand'gardes et pour leurs réserves immédiates partout où il n'existait pas

(1) Sur les zones par lesquelles on présumait que l'ennemi pourrait percer avec le plus de facilité ou de chances de succès.

de couverts naturels. Quand le gros des avant-postes se trouvait en avant de la position de combat, on le protégeait par des ouvrages de fortification sur lesquels les grand'gardes se repliaient pour donner aux troupes le temps de se déployer sur la ligne de bataille. Dans la fortification de cette dernière ligne, on avait surtout en vue les objets suivants :

1° Battre à bonne portée le terrain en avant et principalement les routes et les défilés par des feux de mousqueterie partant de positions couvertes ; développer une nombreuse artillerie placée à couvert, chaque pièce ayant son épaulement séparé de manière à diviser le feu de l'ennemi ; assurer au loin l'effet des feux et, pour cela, s'attacher tout particulièrement à démasquer les champs de tir. C'est ainsi qu'on en vint à raser successivement des bois d'une étendue notable ;

2° Rendre difficile à l'ennemi une attaque corps à corps en organisant des obstacles naturels ou artificiels de toute espèce et principalement des abatis, dont les éléments étaient d'ailleurs fournis en quantité suffisante par le dégagement du champ de tir ;

3° Barrer les intervalles existants entre les principaux points d'appui naturels ou artificiels, en terrain découvert par des tranchées-abris flanquées, en terrain couvert et inaccessible par des abatis défensifs. Ces lignes constituaient, du reste, une communication couverte très-avantageuse le long du front de la position ;

4° Compléter le système des communications existantes en créant de nombreux chemins de colonnes et en jetant des ponts sur les rivières et sur les ruisseaux, ce qui permettait aux troupes des corps d'armée voisins de renforcer soit la position entière, soit une de ses parties ;

5° Rendre les mouvements offensifs partout possibles en laissant des intervalles entre les ouvrages et même en ménageant dans ceux-ci des passages traversés, pour les petites sorties. Du reste, les tranchées-abris avaient, la plupart du temps une profondeur si faible, que les troupes de toutes armes pouvaient les franchir sans difficulté et sans diminuer leur front.

On doit mentionner enfin qu'un système très-développé de télégraphes de campagne reliait les quartiers généraux de tous les corps et qu'on avait préparé un nombre suffisant de fanaux ou d'autres moyens de prévenir les troupes en cas d'alerte. Les renseignements fournis le jour et la nuit par les différents observatoires permettaient de faire arriver à temps sur la ligne de bataille les troupes cantonnées dans les villages.

CONCLUSIONS.

Parmi les nombreux enseignements qui ressortent du blocus de Metz, les points suivants méritent une attention toute particulière :

1° Il est extrêmement difficile à une armée enfermée dans un grand camp retranché de percer les lignes ennemies quand l'armée de blocus a mis convenablement à profit le temps qu'elle a eu pour fortifier ses positions et quand il n'existe pas d'armée de secours à l'extérieur.

C'est incontestablement dans les premiers jours du blocus que l'armée enfermée, si elle prend bien ses mesures, a le plus de chances de réussir à percer ; mais il faut, pour cela, que son attaque surprenne l'ennemi et soit accompagnée de sorties plus ou moins grandes, dirigées sur différents points en vue de diviser l'attention ;

2° La défense du camp retranché ne peut profiter complétement des avantages inhérents à sa position que quand les troupes sont campées ou baraquées de manière à être suffisamment protégées contre les intempéries. Il est donc d'une nécessité impérieuse que la défense apporte le plus grand soin à préparer des abris pour les troupes dans les camps retranchés qui sont exposés à une attaque ou à un blocus ;

3° Le siége en règle d'un camp retranché, fortifié suivant les principes modernes et défendu par une armée active de force suffisante, est d'une difficulté telle et exige un matériel d'artillerie si énorme qu'il est à présumer que, la plupart du temps, le blocus et la famine conduiront tout aussi vite au but, tout en exigeant moins de ressources en matériel et en personnel. Il faut donc prendre à temps ses mesures pour approvisionner convenablement la garnison et la population ; dans les places frontières, qui sont très-exposées, il est indispensable d'avoir en temps de paix de grands magasins militaires dont le contenu se renouvelle constamment.

L'armée de blocus a, de son côté, à s'attacher surtout à l'observation des principes suivants :

A. Le périmètre des lignes d'investissement doit être divisé en un certain nombre de secteurs, pas trop étendus. Il convient de donner à chacun d'eux un état-major du génie et un état-major de l'artillerie restant en fonctions pendant toute la durée du blocus et chargés de déterminer les travaux de défense d'après les instructions supérieures et après entente avec les commandants des troupes et de les faire exécuter sous la direction des troupes techniques. Il va de soi que les officiers chefs du génie de l'armée de blocus doivent être tenus toujours au courant de la situation militaire générale.

On évitera autant que possible de déplacer les corps désignés pour l'occupation d'une position. S'il est nécessaire de renforcer un point menacé, ce n'est pas en faisant appuyer toute la ligne de blocus qu'il faut y arriver, mais bien en ajoutant directement des troupes à celles qui s'y trouvent déjà ou en y doublant les réserves.

Les troupes se mettront alors plus volontiers aux travaux à exécuter pour la mise en état de défense de leurs lignes, car elles sauront qu'elles doivent y combattre pendant toute la durée du blocus ; il est à présumer aussi qu'elles s'attacheront davantage à soigner leur installation ;

B. C'est dans les premiers jours du blocus qu'il faut entreprendre la mise en état de défense des positions d'après un plan d'ensemble bien réfléchi, en y employant toutes les forces et tous les moyens disponibles ; on les perfectionne plus tard ;

C. Ce qui paraît le plus avantageux, c'est de choisir les positions de combat hors de la portée efficace de l'artillerie de la place, soit à 3 ou 4 kilomètres (1/2 mille) des forts détachés, en tenant compte, bien entendu, des conditions du terrain.

On ne porte les avant-postes qu'à la distance rigoureusement indispensable en avant de cette position principale ; pour ceux-ci, il est de règle qu'ils ne se laissent pas engager dans un combat sérieux.

Pour la surveillance des lignes, ce qui importe surtout, c'est d'avoir un bon service de patrouilles et des observatoires munis de tout ce qui est nécessaire, placés sur des points très-élevés et reliés directement avec les quartiers généraux par des télégraphes de campagne.

La position de combat doit être préparée dans tous ses détails en vue d'une défense opiniâtre et s'appuyer sur un nombre suffisant de points résistants et à l'abri d'un assaut;

D. Outre cette position de combat, qui peut et qui doit être défendue longtemps contre des forces supérieures, on est quelquefois obligé de préparer une position de retraite. En principe, cette dernière peut être organisée moins fortement : par exemple, au moyen d'un système étendu de tranchées-abris ; car on a toujours le temps d'y faire arriver des forces suffisantes, dont le rôle consiste surtout à prendre une offensive vigoureuse contre les flancs de l'attaque.

Il est nécessaire de préparer sur la position de bataille de chacun des corps d'armée des abris, maisons ou baraques, pour une réserve toujours prête au combat et comprenant au moins un ou deux bataillons, un escadron et une batterie ; les croisements des routes importantes sont les meilleurs emplacements à leur donner. Quant à la construction des baraques, il est bon d'en charger des entrepreneurs dès le début du blocus et de l'activer par tous les moyens ; la question de dépense ne vient ici qu'en dernière ligne ;

E. C'est également dans les premiers jours de l'investissement qu'il convient de jeter des ponts élevés, bien protégés contre les crues et contre les glaces, sur les grands cours d'eau qui traversent les lignes. Ce travail peut aussi être confié à des entrepreneurs, les troupes du génie trouvant, à ce moment, un meilleur emploi dans l'organisation des positions. Les équipages de pont appartenant aux corps d'armée sont à réserver autant que possible pour les opérations de l'armée active ;

F. Dans bien des cas, l'établissement d'un chemin de fer de ceinture, de construction simple, est extrêmement avantageux pour l'armée de blocus;

G. Enfin, pour ce qui est du détail des retranchements, les tranchées-abris de faible profil, que l'on amène successivement au profil des tranchées de siége et dont on interdit les approches par des défenses accessoires, paraissent préférables aux ouvrages de campagne proprement dits. Ces derniers exigent, en effet, surtout quand le terrain ou la saison sont défavorables, la mise en œuvre de moyens considérables, dont on dispose rarement en campagne. De plus, quand ils ne sont pas pourvus de traverses et d'abris blindés de grande étendue, ils ne protégent pas sensiblement contre le tir si précis de l'artillerie moderne. Cela est surtout vrai pour de grands ouvrages dans lesquels on fait camper des troupes, car elles n'y sont même pas à l'abri du feu des tirailleurs ennemis.

On ne doit jamais placer d'artillerie dans les ouvrages de campagne ; il vaut beaucoup mieux l'établir derrière des épaulements traversés et à distance convenable en arrière des ouvrages, afin de la mettre en seconde ligne. Si l'on dispose de pièces de place de petit calibre (9 et 12 centimètres) pour la défense des positions, on les installera dans des batteries spéciales, à l'abri de l'escalade et munies de traverses blindées. Ces batteries seront protégées en avant par des tranchées-abris, en arrière par des postes retranchés où leurs soutiens seront établis à couvert.

ANNEXE V

—

EXTRAIT D'UN ARTICLE SIGNÉ A-E,

PUBLIÉ PAR

L'ALGEMEINE MILITAR ZEITUNG

DU 1er NOVEMBRE 1871.

L'auteur de cet article répond à un écrivain militaire qui avait combattu dans les termes suivants l'idée de fortifier les capitales :

» Quels avantages obtinrent les Français de ce que les Prus-
» siens firent le siége de Paris? Ils furent les victimes d'une
» théorie fausse et surannée. »

Cet écrivain, dit M. A-e, restera sans doute isolé dans le monde avec son opinion. Il va de soi que les Parisiens ne retirèrent aucun avantage du siége ; mais il est tout aussi clair que, grâce aux fortifications de Paris, la France centrale et la France du Midi furent préservées de l'occupation. Par le fait seul de la présence de notre armée de campagne devant Paris, il fut possible à Gambetta de rassembler ses armées dans le Nord, l'Ouest et le Sud et de nous placer, à la fin d'octobre, dans une position très-critique, d'où nous ne fûmes tirés que par la 1re et la 2e armée, rendues disponibles juste à point par la reddition de Metz. Si cette place se fût encore défendue pendant 15 jours ou 3 semaines, il aurait fallu renoncer, selon toute vraisemblance, au blocus ou à l'investissement complet de Paris. Celui qui connaît l'exaltation patriotique de la nation française conviendra qu'après un tel succès toute la France se fût levée comme un seul homme. Nous eussions eu tout à craindre alors pour nos lignes d'étape, etc.

La fortification des capitales des grands États rencontre cependant, de nos jours, de sérieuses difficultés ; mais ces capitales présentent, d'autre part, de si grandes ressources pour une armée qu'il faut mettre tout en œuvre, si les circonstances le permettent, pour rester maître de ces villes, au moins jusqu'à l'arrivée d'une armée de secours.

Quant à la manière de fortifier les capitales, c'est là une question qui doit être examinée mûrement et en tenant compte des conditions locales. — Parfois, quand la configuration du terrain est favorable, une chaîne de grands forts détachés suffira ; on pourra alors renoncer complètement à la création d'une enceinte.

Dans d'autres cas (par exemple, pour Berlin), il conviendrait peut-être de couvrir la capitale par un groupe de 3 à 4 forteresses ou camps retranchés. Dans cette hypothèse, les vides entre les forteresses devraient être défendus par des corps de troupes de campagne s'appuyant sur des forts d'arrêt occupant des points avantageusement choisis ; ces troupes devraient, en outre, préparer le terrain pour la défense dans le cas d'une attaque imminente.

Admettons, par exemple, que l'on ait créé à Spandau une grande forteresse de dépôt et de manœuvres ; il faudra, pour mettre cette place en état de résister à une attaque en règle (et indépendamment de la configuration du terrain, d'ailleurs favorable, en partie, à la défense), une garnison d'un effectif maximum de 15,000 hommes (dont 2/3 de landwehr). — Berlin serait complétement protégé par cette place contre une attaque sérieuse venant du nord-ouest.

Quant à la protection de la capitale au sud, elle devrait être assurée par un petit camp retranché traversé par le chemin de fer d'Anhalt; ce camp se trouverait à 2 milles (15,000 mètres) de Berlin. Il pourrait avoir un développement, sur son front, d'environ 5/4 de mille et une profondeur d'environ 3/4 de mille et consister en six forts environ. Un camp construit d'après ces indications exigerait, en cas d'attaque, une garnison d'environ 6,000 hommes (dont une moitié de landwehr).

Des camps analogues, établis au nord et à l'est de Berlin, sur les lignes de chemin de fer de Stettin et de Francfort, couvriraient la capitale au nord et à l'est.

Ces quatre places fortes ou camps retranchés devraient recevoir, en tout et pour le cas d'une attaque imminente, environ 33,000 hommes de garnison (1 division d'infanterie, le reste serait de la landwehr). A Berlin même, il faudrait une réserve générale de 17,000 hommes, qui pût être transportée promptement par chemin de fer sur l'un ou l'autre point.

Berlin, protégé par une armée de 50,000 hommes, pourrait, grâce à ce système de fortification, être défendu avec succès contre des corps ennemis d'un effectif numérique beaucoup plus considérable. Si la masse principale de l'ennemi attaquait la capitale, il est évident que la garnison devrait être renforcée d'un ou de plusieurs corps d'armée et alors le combat autour de Berlin deviendrait peut-être décisif.

Un investissement efficace de Berlin fortifié d'après les idées énoncées plus haut serait impossible et, dès lors, la famine, ce grand ennemi des places fortes occupées par une nombreuse population, serait presque entièrement écartée.

ANNEXE VI

—

LA FORTIFICATION A FOSSÉS SECS,

PAR

Le colonel BRIALMONT.

EXTRAIT (t. II, p. 360).

Nous reconnaissons que les batteries à coupoles du major Schumann présentent cet avantage, que n'ont point les forts, de pouvoir se défendre mutuellement, la nuit comme le jour, sans exposer les défenseurs de l'une aux coups de l'artillerie de l'autre; qu'elles battent bien le front, les intervalles et l'intérieur du camp retranché, et que leurs pièces peuvent tirer l'une au-dessus de l'autre, sous des angles d'élévation de 4 1/2 degrés, de façon que, à une certaine distance, *tous* les points du terrain sont soumis aux feux de *toutes* les bouches à feu. Mais nous n'admettons pas avec l'ingénieur prussien que la combinaison d'un grand fort *bien construit,* soutenu sur ses flancs par deux batteries à coupoles, soit inférieure à une combinaison de trois batteries à coupoles, avec deux casernes-cavaliers, établies en arrière des intervalles de ces batteries. Il n'est pas exact, en effet, comme l'affirme cet ingénieur, que, dans la première combinaison « les jours du fort sont comptés quand les batteries » latérales tombent au pouvoir de l'ennemi » et que « celles-ci » ne reçoivent pas du fort une protection équivalente à celle » qu'elles lui donnent ».

Un grand fort, pourvu de bons abris et de communications sûres, ayant des batteries flanquantes à l'abri des feux éloignés et des escarpes à l'abri des feux plongeants, ayant, de plus, des remparts bien organisés, avec des traverses-abris pour les pièces mobiles et des coupoles pour les pièces du gros calibre, un tel fort non seulement assure aux batteries latérales une protection très-efficace, mais peut encore se défendre longtemps après que ces batteries seront éteintes ou prises par l'ennemi.

Les forts mal organisés, comme l'étaient ceux de Paris, se trouvent, sous ce rapport, dans d'autres conditions, puisque leurs bouches à feu peuvent être démontées, leurs flancs détruits et leurs escarpes mises en brèche par les batteries éloignées de l'attaque.

Les ingénieurs allemands, dans leurs derniers écrits, se sont trop préoccupés de ce fait, qui s'est passé sous leurs yeux.

Nous attribuons à la même préoccupation l'énoncé du principe suivant, que nous trouvons dans ces écrits : *Tout l'effort de la lutte doit être soutenu par des ouvrages détachés au loin.*

Ils seraient arrivés, sans doute, à une conclusion différente si Paris et Metz avaient été assiégés, au lieu d'être bloqués ; alors, sans nul doute, l'utilité d'une bonne enceinte de sûreté se fût manifestée clairement (1) et leur conclusion eut été non pas

(1) Elle s'est manifestée, même dans les conditions exceptionnelles où se fit l'attaque de Paris, en septembre 1870. En effet, si cette capitale n'avait pas eu une enceinte à l'abri de toute irruption brusque, les Prussiens auraient pu

que *tout l'effort*, mais le *principal effort* de la lutte doit être soutenu par les ouvrages détachés.

Une considération qui nous empêcherait d'accepter le remplacement général des forts par des batteries à coupoles est la suivante :

Ces batteries n'ont pas encore été soumises à des expériences d'où l'on puisse conclure *avec certitude* que le moral de leur garnison ne serait pas fortement ébranlé après une défense de quelques jours. Nous admettons que les logements établis sous les coupoles offrent, *en temps de paix*, toutes les garanties de salubrité et même de comfort nécessaires ; mais il n'en serait pas de même en temps de siége : attaquées le jour et la nuit, les coupoles tireraient sans interruption; or, le bruit et l'ébranlement des maçonneries empêcheraient que les canonniers, après avoir servi les pièces, ne jouissent du repos nécessaire. Il faudrait donc les relever fréquemment et, ce qui serait plus grave, remplacer aussi le commandant de la batterie, dont les nerfs ne résisteraient pas longtemps aux fatigues et aux émotions qu'il éprouverait.

Dans un grand fort, il y a toujours des parties moins exposées, où l'on peut faire reposer les troupes à tour de rôle. Les bâtiments de la gorge et surtout les locaux des réduits offrent cet avantage. Il se présente aussi, dans la défense de ces forts, des moments où les hommes peuvent sortir de leurs abris et prendre l'air sans courir de grands dangers.

Les soldats seront d'ailleurs stimulés et dirigés par un chef d'un rang élevé, que l'on aura choisi parmi les plus résolus et les plus expérimentés. Leur moral sera donc excellent. Ce fait a été constaté à Paris, où les garnisons des forts, commandées par des

s'emparer de la ville après la journée de Châtillon. Telle est, au moins, l'opinion de plusieurs officiers français, entre autres du lieutenant-colonel du génie Prévost.

colonels ou des capitaines de vaisseau, étaient encore pleines de vigueur et de résolution après un mois de bombardement.

En eut-il été de même si, à chaque fort, on avait substitué deux ou trois batteries à coupoles, commandées par un capitaine d'artillerie? Il est permis d'en douter.

D'un autre côté, après chaque journée de tir, on répara une partie des dégâts produits par l'artillerie ennemie. Nous avons visité les forts immédiatement après la reddition et nous sommes d'avis qu'ils auraient pu résister encore quelque temps.

Dans une batterie à coupole, les dégâts seraient d'une nature telle, que les réparations ne pourraient être faites que pendant une longue interruption du feu. L'ennemi, connaissant cette circonstance, tirerait évidemment sans interruption sur la batterie, pour la désorganiser complétement. Nous n'ignorons point que la résistance des coupoles est grande ; mais celle des parapets qui couvrent leurs galeries ne l'est pas au même degré et l'on ne sait pas encore combien de temps ces parapets pourraient tenir contre le feu convergent d'un nombre triple ou quadruple de pièces. Or, le parapet détruit et dispersé, les galeries ne résisteraient pas longtemps et les coupoles périraient par leur base.

C'est encore une raison qui nous empêcherait d'accepter la substitution des batteries à coupoles aux grands forts établis dans de bonnes conditions.

Nous ajouterons qu'un fort bien flanqué et pourvu d'une garnison nombreuse offre plus de garanties contre l'attaque pied à pied qu'une batterie entourée d'un fossé étroit, privé de flanquement ou défendu seulement par une galerie de contrescarpe.

ANNEXE VII

—

NOTES SUR L'ORGANISATION

DU

SYSTÈME DÉFENSIF DE PARIS,

PAR

Le général TRIPIER.

EXTRAIT (1).

Le système défensif de Paris doit comprendre, outre l'enceinte actuelle, qui n'est qu'une simple chemise ou enceinte de surveillance :

1° Une première ligne intérieure ou ceinture de forts détachés très-solidement organisés, enceinte à intervalles à constituer immédiatement, nécessaire à la sécurité de la place, qu'elle met à l'abri du bombardement, et destinée à soutenir l'effort de la lutte si un siége est devenu possible ;

(1) Pour suivre le tracé indiqué par l'auteur, il convient d'avoir sous les yeux la carte de France à l'échelle de 1/80000 (feuilles *Paris* et *Melun*).

2° Une seconde ligne d'occupation extérieure poussée jusqu'aux obstacles naturels, auxquels elle emprunte sa force, base d'opérations d'une armée qui opérera autour de la position centrale tactique et stratégique de Paris, ligne naturelle soutenue par un petit nombre d'ouvrages isolés très-solides, placés dans les positions d'importance capitale.

La limite d'occupation tracée dans ces conditions suit la vallée de la Bièvre, s'avance vers le promontoire qui domine Palaiseau..., franchit la plaine au sud de Paris en se dirigeant vers Villeneuve-Saint-Georges, emprunte la vallée de l'Yères jusqu'au contre-fort de Cercey, au-dessus de Brunoy, se retourne au nord le long du vallon du Réveillon, franchit la ligne de faîte à Montéty, en arrière d'Ozouer-la-Ferrière, à l'origine des ruisseaux qui descendent dans diverses directions; puis elle descend sur Torcy par le vallon du Ru-de-Bussy et se dirige sur le piton de Chelles, position splendide, qui forme sur la rive droite de la Marne un point obligé, au milieu de la belle plaine de Vaires, Brou et Pomponne. Il est facile de s'assurer la possession du cirque qui entoure cette plaine; on occupera à cet effet, en avant, une position détachée vers Villevaudé. La limite d'occupation traverse, entre Courty et Vaujours, cette montagne mince et se dirige sur Écouen. Au nord de Saint-Denis, le terrain devient très-difficile... On est évidemment obligé de prendre pied sur le massif de Montmorency et, dès lors, de se porter en avant jusqu'à la vallée du ruisseau de Longpré, qui sépare la forêt de Montmorency de celle de l'Isle-Adam. On est amené ainsi sur les bords de l'Oise, près de Méry-sur-Oise. Le débouché sur le nord-ouest nous serait fermé si nous laissions à l'ennemi les hauteurs de l'Hautie. Nous en prenons donc possession; puis la limite d'occupation passe sur la rive gauche de la Seine, en s'appuyant sur le petit contre-fort détacé de Marsinval, et elle vient rejoindre, à l'extrémité de la forêt de Marly, le promontoire de Sainte-Jamme, au-dessus de Feucherolles, position hors ligne que commande toute la vallée du Ru-de-Gally, et surveille les pentes qui forment, jusqu'à Rocquencourt, une ligne de fortification naturelle; laissant Versailles dans un rentrant, la ligne vient se fermer dans la vallée de la Bièvre.

ÉTUDE SUR LE ROLE STRATÉGIQUE ET SUR L'ORGANISATION DÉFENSIVE DE LA RÉGION DE PARIS PAR, R. H.

EXTRAIT.

Nous pouvons maintenant définir avec précision le but que les ingénieurs doivent se proposer dans l'organisation de l'échiquier stratégique de Paris.

Tout en restant dans des limites compatibles avec les ressources du budget, il faut satisfaire aux deux conditions suivantes, qui sont parfaitement *distinctes* et *également* indispensables :

1° *Pour favoriser les opérations de la stratégie défensive et offensive,* créer, à une distance moyenne d'une étape du camp retranché actuel de Paris, sur les grandes voies de communication, un petit nombre de solides *forteresses militaires,* servant d'appui à des lignes de défense naturelles, armées de canon à longue portée et organisées de manière à pouvoir supporter *un siége en règle.* Ce sont les pivots des manœuvres stratégiques intérieures ou extérieures ;

2° *Pour empêcher le bombardement, les surprises et pour soutenir la défense tactique*, organiser, à l'aide de petits forts détachés, soutenus par de solides batteries et des ouvrages de campagne intermédiaires, une ligne à intervalles ou *enceinte de préservation*. Cette ligne sera tracée à une distance suffisante pour empêcher le bombardement de la ville, tout en offrant un développement proportionné à l'effectif d'une armée intérieure peu nombreuse.

Ce qui revient à dire en quelques mots que l'échiquier de Paris doit se composer d'un camp retranché occupant le centre d'un polygone de points d'appuis stratégiques.

N. B. L'auteur donne à l'enceinte de préservation un développement de 80 kilomètres et au polygone des points stratégiques extérieurs un développement de 226 kilomètres.

Les points stratégiques choisis pour l'emplacement des *forteresses militaires* sont voisins de Beaumont, Dammartin, Lagny, Châtre, Corbeil, Torfou, Rambouillet, Neauphle et Meulan. Une forteresse secondaire serait établie près de Creil.

Meulan, Corbeil et Lagny formeraient des têtes de pont doubles.

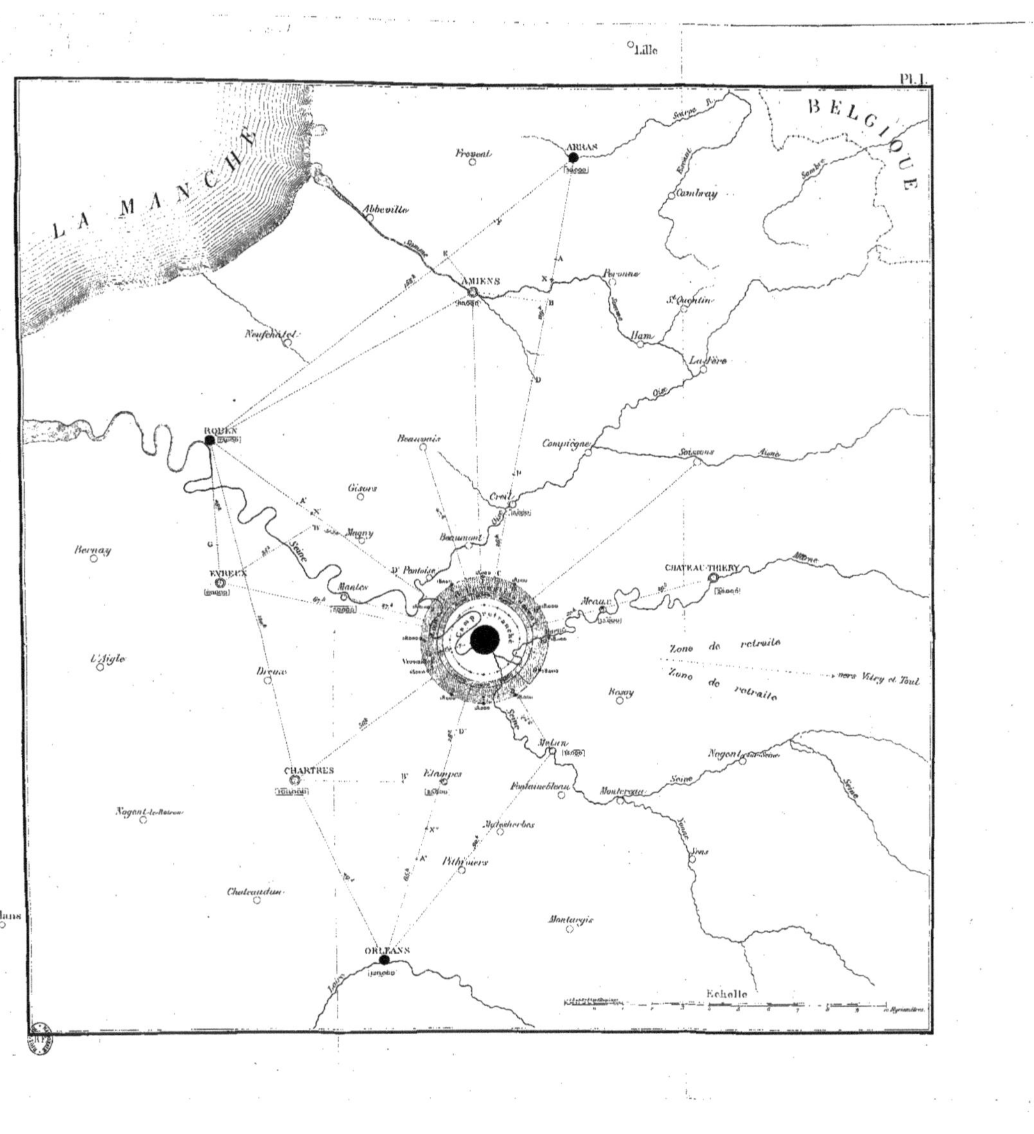

Pl. I.
Lille
LA MANCHE
BELGIQUE
ARRAS
Frevent
Abbeville
Cambray
Somme
AMIENS
Peronne
St Quentin
Ham
La Fère
Oise
Neufchâtel
ROUEN
Beauvais
Compiègne
Soissons
Aisne
Gisors
Creil
Magny
Beaumont
Bernay
Seine
EVREUX
Pontoise
Mantes
CHATEAU-THIERY
Marne
Meaux
Camp retranché
Zone de retraite
Zone de retraite
vers Vitry et Toul
L'Aigle
Dreux
Rosay
Melun
Nogent sur Seine
CHARTRES
Etampes
Fontainebleau
Montereau
Nogent-le-Rotrou
Malesherbes
Pithiviers
Yonne
Sens
Chateaudun
Montargis
ORLEANS
Loire
Echelle

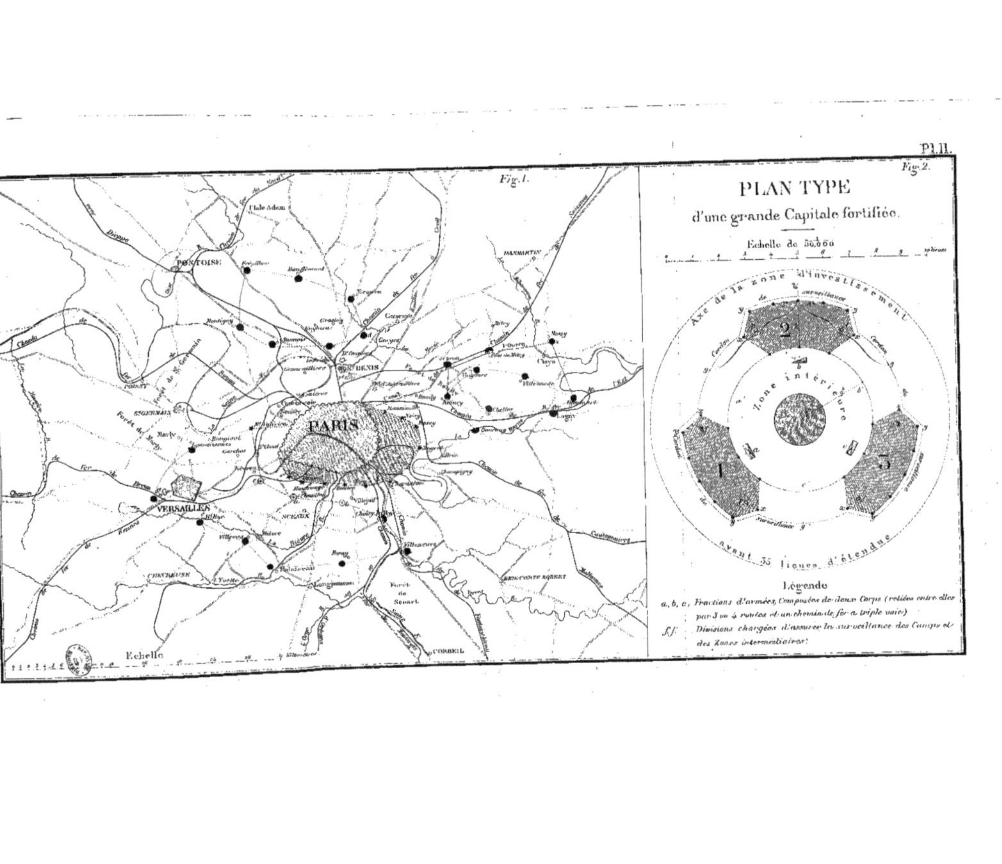
Pl.II.
Fig.1.
PONTOISE
S.DENIS
PARIS
S.GERMAIN
VERSAILLES
SCEAUX
CHEVREUSE
CORBEIL
Forêt de Sénart
Echelle
Fig.2.
PLAN TYPE
d'une grande Capitale fortifiée.
Axe de la zone d'investissement
Zone intérieure
avant 35 lieues d'étendue
Légende
a, b, c, Fractions d'armées, Composées de deux Corps (reliées entre elles par 3 ou 4 routes et un chemin de fer à triple voie)
f.f. Divisions chargées d'assurer la surveillance des Camps et des Zones intermédiaires.

www.ingramcontent.com/pod-product-compliance
Ingram Content Group UK Ltd.
Pitfield, Milton Keynes, MK11 3LW, UK
UKHW020213250726
13967UKWH00003B/1435